Juan Ruiz de Alarcón

La industria
y la suerte

Barcelona **2024**
Linkgua-ediciones.com

Créditos

Título original: La industria y la suerte.

© 2024, Red ediciones S.L.

e-mail: info@linkgua.com

Diseño de cubierta: Michel Mallard.

ISBN tapa dura: 978-84-9897-444-7.
ISBN rústica: 978-84-9816-302-5.
ISBN ebook: 978-84-9897-928-2.

Sumario

Créditos _____ 4

Brevísima presentación _____ 7

La vida _____ 7

Don Juan _____ 7

Personajes _____ 8

Jornada primera _____ 9

Jornada segunda _____ 51

Jornada tercera _____ 95

Libros a la carta _____ 135

Brevísima presentación

La vida

Juan Ruiz de Alarcón y Mendoza (1581-1639). México.

Nació en México y vivió gran parte de su vida en España. Era hijo de Pedro Ruiz de Alarcón y Leonor de Mendoza, ambos con antepasados de la nobleza. Estudió abogacía en la Real y Pontificia Universidad de la Ciudad de México y a comienzos del siglo XVII viajó a España donde obtuvo el título de bachiller de cánones en la Universidad de Salamanca. Ejerció como abogado en Sevilla (1606) y regresó a México a terminar sus estudios de leyes en 1608.

En 1614 volvió otra vez a España y trabajó como relator del Consejo de Indias. Era deforme (jorobado de pecho y espalda) por lo que fue objeto de numerosas burlas de escritores contemporáneos como Francisco de Quevedo, que lo llamaba «corcovilla», Félix Lope de Vega y Pedro Calderón de la Barca.

Don Juan

La industria y la suerte es una de la muchas versiones del clásico personaje don Juan. En esta ocasión se trata de un don Juan más sensible sorprendido en cierto modo del amor que le ofrece una dama. El teatro de Ruiz de Alarcón se mueve entre la tensión de los personajes con los tipos sociales que les son predeterminados y la fuerza interior y voluntad de cambio que experimentan interiormente.

Personajes

Agüero, vejete, escudero
Arnesto, galán
Celia, criada de Sol
Criados
Don Beltrán, viejo grave
Don Juan de Luna, galán
Don Nuño, galán
Doña Blanca, dama
Jimeno, criado de don Juan
Julio
Sancho, criado de Arnesto
Sol, dama

Jornada primera

(Salen don Juan y Jimeno, a un lado; y al otro, Arnesto y Sancho.)

Jimeno
¡Que este mercader impida
tu amoroso pensamiento!

Sancho
¡Que quiera estorbar tu intento
este desnudo! ¡Por vida!...

Juan
¿Qué he de hacer? Tener paciencia.
Esté de mi parte Amor;
que yo tendré en mi favor,
aunque pobre, la sentencia,

Arnesto
Agora que a Blanca aguardo,
Sancho, no es buena ocasión,
Y por mi reputación
Me detengo acobardo;
Que ésta es la Lonja, y recelo
lo que en Sevilla perdiera
de crédito, si riñera
con ese pobre mozuelo.
Salga mi adorada fiera
de la iglesia; que pretendo
acompañarla, y entiendo
que también don Juan la espera;
que en el suceso veré
lo que puedo hacer en esto.

Jimeno
¡Ah!, ¡qué a quien se llama Arnesto,
El cielo riquezas dé!
Pero siempre lo verán.
Señor, si quieres ser rico,

en Justino o Federico
trueca el nombre de don Juan;
   que la fortuna cruel
siempre al noble aborreció.
Mas al fin, ¿te prometió
Agüero dar el papel?

Juan	Sí, Jimeno.
Jimeno	¿Y qué le diste?
Juan	Dos doblones que tenía.
Jimeno	¿Recibiólos?
Juan	No quería.
Jimeno	Mas, en efecto ¿venciste?
Juan	Sí.
Jimeno	Ya sale Blanca hermosa.
Juan	Con su padre. ¡Ah triste suerte!
Sancho	Ya sale.
Jimeno	¿No has de atreverte?
Juan	La pobreza es tan medrosa,

   que aun para la cortesía
falta el ánimo.

(Salen doña Blanca, con manto, Beltrán y Agüero.)

Beltrán	Señor, ¿dónde vais?
Arnesto	Este favor me habéis de hacer.
Beltrán	A fe mía, que me enoje.
Jimeno	Llega agora, mientras porfían los dos.

(Habla don Juan por un lado a doña Blanca a excusas de los demás.)

Juan	Dos años ha que por vos vivo sin alma, señora.
Blanca	Dos años ha que lo sé.
Juan	Pues con que vos lo sepáis, hermoso dueño, le dais bastante premio a mi fe.
Arnesto (Aparte.)	(¡Ah celos!)
Beltrán	Pues no os queréis a mi petición quedar, Blanca os lo ha de suplicar.
Blanca	Yo os suplico que os quedéis.
Arnesto	Yo os obedezco; mas presto si puedo. Os habrá pesado

	de que yo me haya quedado.
Blanca	No os entiendo.
Beltrán	Adiós, Arnesto.
Arnesto	Señor don Beltrán, adiós.

(Vanse doña Blanca, don Beltrán y Agüero.)

Jimeno	Blanca te volvió a mirar.
Arnesto	A solas tengo que hablar cierto negocio con vos.
Juan	Aquí estoy.
Arnesto	Venid conmigo.

(Vanse los dos.)

| Sancho (Aparte.) | (Esto es hecho. A reñir van.
Bien haré, si a don Beltrán
Este suceso le digo.) |

(Vase.)

| Jimeno | Ellos van desafiados.
Sus deudos quiero avisar;
que impedir, y no ayudar,
toca a los buenos criados. |

(Vase. Salen Sol y Celia.)

12

Celia	Toda te vas despeñando.
Sol	Ya lo sé.
Celia	Enmienda tu error.
Sol	Más puede errando el amor que la razón acertando.
Celia	¿Tú no has visto su desdén, y sabes que no te quiere Don Juan?
Sol	Sí.
Celia	¿Sabes que muere por doña Blanca?
Sol	También.
Celia	Pues resuélvete, y porfía a vencer tu propio daño a fuerza del desengaño.
Sol	Eso fuera, Celia mía, si como para juzgarlo hay ojos en la razón, hubiera en el corazón fuerzas para ejecutarlo.

(Sale Jimeno.)

Jimeno	Tu padre ¿está en casa?

Sol	No.
Jimeno	¿No está en casa?
Sol	Esta mañana a un negocio a Cantillana partió.
Jimeno	Juráralo yo...
Sol	Detente.
Jimeno	Yo lo jurara, porque si agua he menester, una gota no ha de haber por un ojo de la cara.
Sol	Habla, Jimeno: ¿qué es esto?
Jimeno	Un negocio bien pesado. Al campo, desafiado va tu primo con Arnesto.
Sol	¿Qué dices? ¡Ay desdichada! ¿Mi primo don Juan?
Jimeno	Don Juan.
Sol	¿Y sabes adónde van?
Jimeno	Hacia el campo de Tablada.

(Vase.)

Sol	Por Blanca riñen. ¡Ay triste! ¡Mal haya! Celia, ¿qué haré?
Celia	¿Qué has de hacer?
Sol	¡Qué bien se ve que nunca de amor supiste! ¿Podré, cuando pierdo el seso por don Juan, cuando se abrasa el alma, aguardar en casa el fin de aqueste suceso?
Celia	Pues ¿qué quieres?
Sol	Pues está mi padre ausente, querría irlo a ver.
Celia	¡Que desvaría, Señores!
Sol	Pues, ¿qué? ¿Será muy grande exceso?
Celia	En tu estado, ¿puedes hacerlo mayor?
Sol	Tan ciego estado de amor no mira razón de estado.
Celia	Oye...
Sol	No me persuadas.

Celia	La opinión quieres perder.
Sol	¿Quién nos ha de conocer cubiertas y disfrazadas?

(Vanse. Salen don Juan y Arnesto.)

Juan	Pedís una sinrazón, siendo notorio que he sido primero en la pretensión.
Arnesto	Ni guarda razón Cupido, ni a mí me falta razón. si sois primero en amor, yo soy primero en favor.
Juan	Pues básteos, Arnesto, el sello, sin que queráis ser por ello privilegiado amador. Pues yo, que primero fui en amar a Blanca bella, amarla no os impedí, no me impidáis el querella vos, por más dichoso, a mí.
Arnesto	Amar o no amar, depende de la voluntad del uno; y aquél que comprar pretende, no tiene derecho alguno hasta que quiera el que vende. Y así, aunque di mi querella yo después a Blanca bella, con justa causa os impido, pues haberme ella querido

me ha dado derecho en ella.

Juan

    Pues si de ella sois amado,
¿Por qué os receláis de mí?
¿Teméis veros derribado?
Al que subir no impedí
¿contrastaré levantado?
    Pues estáis favorecido,
gozad, con verme perdido,
el colmo de ese favor;
que la gloria al vencedor
¿quién la da sino el vencido?
    Dejad que en mi tema esté,
porque el mal que me lastima
al bien vuestro aumento dé;
que la salud más se estima
cuando un enfermo se ve.
    y si estáis airado y fiero
porque yo por Blanca muero,
¿qué venganza más mortal
que ver que me quiere mal,
y a vos bien, la que yo quiero?
    No me pidáis demasías.

Arnesto

Yo, aunque me lloréis desdén
en amorosas porfías,
don Juan, nunca estuve bien
con esas filosofías.
    Y así es mi resolución
que no queráis lo que quiero
con razón o sin razón.

Juan

Aunque pese al mundo entero,
seguiré mi pretensión.

Arnesto	Mataréos.

Juan	No haréis, no.
	No temo bríos bastardos.
	El noble nunca temió.
	¿Pensáis que es deshacer fardos
	matar hombres como yo?

Arnesto	¡Ojalá que no tuviera
	yo más que vos que perder,
	y que un hombre pobre fuera,
	que mi valor os hiciera
	con esta espada entender!
	Y así, don Juan, no me asombro
	de vos, ni animoso os nombro;
	que en perderos, ¿qué perdéis,
	supuesto que no tenéis
	más que la capa en el hombro?
	Por esto no me conviene
	mataros yo; que otro habrá
	que por mí esa lengua enfrene;
	que este privilegio da
	el dinero a quien lo tiene.

(Quiere irse Arnesto, detiénele don Juan.)

Juan	Aguardad; que es disparate
	que yo este lance dilate.
	Yo mismo mataros quiero,
	ya que no tengo dinero
	para que otro por mí os mate.

(Va a sacar la espada.)

Arnesto	Tened, don Juan. Esperad.
Juan	¿Con qué intento me sacastes al campo, de la ciudad? con ser rico, ¿imaginastes dar miedo a mi calidad? Sacad la espada.
Arnesto	No fue mas que de deciros esto la intención con que os saqué.
Juan	Vuestra obligación, Arnesto, bien clara en eso se ve. Si fuérades caballero, del duelo y del desafío no ignorárades el fuero; pero yo, que lo soy, quiero Cumplir como debo el mío.
(Saca la espada.)	Sacad la espada.
(Sale don Beltrán.)	
Beltrán	¿Qué es esto, don Juan?
(Arnesto, en viendo a don Beltrán, saca la espada.)	
Arnesto	Apartad.
Beltrán	Arnesto, deteneos.

Arnesto	Si no llegara
	don Beltrán, yo castigara
	vuestras arrogancias presto.
Beltrán	Pues a tan buen tiempo vengo,
	baste ya.
Arnesto	Por vos me abstengo,
	abrasado el corazón.
Beltrán	Ponéisme en obligación...
(Aparte.)	(Mas al que calla me atengo.)
	Pues ¿qué ha sido? Que quisiera
	que mi venida luciera.
	Dadme los dos las dos manos
	¿Tan honrados ciudadanos
	se arriesgan de esta manera?
Arnesto	Si don Juan promete hacer
	lo que pido, en mi amistad
	siempre el primero ha de ser.
Juan	Yo no lo he de prometer.
Arnesto	Pues, don Beltrán, perdonad.
(Vase.)	
Beltrán	¿Qué es esto, don Juan? ¿Qué es esto?
	¿Sabes que estás de este modo
	a todo este pueblo opuesto?
	Y digo a este pueblo todo,
	Pues todo lo manda Arnesto.

Juan	Sé que yo soy caballero,
	y cuando el lugar entero
	a Arnesto agradar intente,
	es un hombre solamente
	fabricado de dinero.
	¿Qué tengo que saber más?
Beltrán	Más tienes. Te certifico
	que en la tierra donde estás,
	es el linaje del rico
	el que a todos deja atrás.
	No se opone a la riqueza,
	si es pobre, aquí la nobleza;
	que si he de decir verdad,
	dineros son calidad...
	Y la pobreza es vileza.
	Mira, no te desenfrenes
	fiado en tu sangre noble;
	porque él, si a contienda vienes,
	más amigos tendrá el noble
	que gotas de sangre tienes.
	En la corte son factores
	aquellos grandes señores,
	con razón, de la nobleza;
	que como en ellos se empieza,
	defiéndenla sus autores;
	mas como en este hemisferio
	es el uso más valido
	tratar y buscar dinero,
	a todos es preferido
	aquél que lo halla primero.
	Y así, mientras pobre fueres,
	el ardiente orgullo doma,
	y pues que tan cuerdo eres,

mientras en Roma estuvieras,
vive a la usanza de Roma.
    Perdóname, que aunque lejos
de culparme no estarás
que yo te dé estos consejos
sin pedirlos, ya sabrás
la licencia de los viejos.

(Vase.)

Juan
    ¡Qué apacible consejero,
para estar desesperado!
También está declarado
por el bando del dinero.
    ¡Ved qué esperanza tendré,
después de esto que le he oído,
de que a mí por bien nacido
su hermosa hija me dé!

(Sale Jimeno.)

Jimeno
Señor.

Juan
Jimeno.

Jimeno
¿Qué ha habido?

Juan
Habiendo tenido al lado
un tan valiente criado,
¿qué puede haber sucedido?

Jimeno
    Si vi que solo venía
contigo Arnesto, señor,
¿no afrentara tu valor

si te hiciera compañía?

Juan   Si tuviera prevención
en el campo mi enemigo,
¿fuera bien seguirme?

Jimeno   Digo
que seguirte era razón;
  mas viendo que si tenía
prevenida la emboscada
Arnesto, sola mi espada
corto socorro sería,
  para avísallos busqué
tus deudos; mas fue buscar
fuego en las olas del mar.
pues como ninguno hallé,
  desde la ciudad aquí
he venido en solo un punto.
En este rostro difunto
verás si volé o corrí.
  Y aunque por campo y ciudad
atrás el viento he dejado,
como Santelmo he llegado
después de la tempestad.

Juan   Si yo menester lo hubiera,
tarde el socorro venía,
y a un pobre, nuevo sería
que a buen tiempo le viniera.
  Todo lo que aquí pasó
claro sin decirlo está,
Jimeno, pues sabes ya
quién es él y quién soy yo.
  También sabes la ocasión,

pues sabes que a Blanca bella,
como yo muero por ella,
él también tiene afición.

Jimeno   Pues ¿qué quiere el mercader?

Juan   Cuanto quiera alcanzará,
porque tanto poder da
en esta tierra en tener.

Jimeno   Y para impedir tu amor,
¿en qué funda su derecho?

Juan   Dice que Blanca le ha hecho,
pimero que a mí, favor.

Jimeno   ¡Blanca favor!

Juan   No lo creo.

Jimeno   Pues bien lo puedes creer
él rico, y ella mujer...
Paréceme que lo veo.

(Salen Sol y Celia, tapadas, y don Nuño.)

Nuño   Creyendo voy que a Tablada
me habéis sacado a reñir;
que bien os pueden servir
los ojos de ardiente espada.
    Pero que habéis quebrantado
el uso común advierto;
que primero me halléis muerto,
y después desafiado.

De prodigiosa os preciáis,
pues cuando sin vida estoy,
como vivo hablando voy,
y como muerta calláis.

Celia   Éste es don Juan.

Sol (Aparte.)   (¡Gloria a Dios,
que sin peligro le vi!)
Señor don Nuño, hasta aquí
pude valerme de vos.
    Agora, por cortesía
os suplico que os quedéis.

Nuño   ¿Posible es que me dejéis
sin mí y sin vos, gloria mía?
    ¡Que aún el nombre no merezco
saber!

Sol   Si más porfiáis,
no merecéis y cansáis.

Nuño   Por merecer obedezco.

Jimeno   Aquí viene bien mi ayuda;
que somos dos y ellas dos.

Nuño (Aparte.)   (¿Qué me quieres, ciego dios?
A Don Juan buscan sin duda.
    ¿Qué tormenta es ésta, cielos,
y qué repentino ardor?
Aún no hay centellas de amor,
¿y ya hay volcanes de celos?
    ¡Después que me has abrasado,

me mandas, fiera, quedar!
Seguiréte hasta cobrar
El alma que me has quitado.)

(Vase.)

Celia

Volvernos a la ciudad
sin hablarle, es lo mejor;
que aunque es la causa su amor,
el efecto es liviandad.

Sol

Es parecer acertado.
Cúbrete bien.

(Echan a andar.)

Jimeno

¡Vive Dios,
que van huyendo las dos!

Juan

Con eso me han obligado
a sospechar y seguir.

(Síguelas.)

Aguardad, señora mía.
Decid, ¿para qué salía
al campo quien ha de huir?
¿No respondéis? Mas crecida
sospecha agora me dais;
que por algo receláis
ser en la voz conocida.
Y al paso de ese recelo
en mí el deseo se enciende,
pues el muro que os defiende
es un delicado velo.
Corred. Mas no lo corráis;
que ya por lo transparente

he visto cuán justamente
de avergonzada os tapáis.
    ¡Vos sois mi prima! ¿Qué es esto?
Sol, ¡vos salís de esta suerte!

(Descúbrese.)

Sol   A ver tu vida o tu muerte.
                ¿Qué has tenido con Arnesto?

Juan   ¿Yo con Amesto?

Sol   Enemigo,
                pendencias por Blanca son.
                Mira que de tu traición
                te da el amor el castigo.
                    Mira bien que su hermosura
                no iguala con mi firmeza,
                y no es mayor su belleza,
                aunque es menor mi ventura.
                    Mira que te quiero más
                que tú a Blanca. Ver te obligue
                que huyes de quien te sigue,
                y tras de quien huye vas.

Juan   Repórtate, vuelve en ti;
                que estoy confuso y corrido
                de ver que hayas excedido
                de tu obligación así.
                    ¿Tú, doña Sol, ¡caso feo!
                de esta suerte sales fuera?
                Por Dios, que no lo creyera.
                y lo dudo aunque lo veo.
                    ¡Tú, doncella principal!,

has de rogar, aunque mueras,
a un hombre! ¡Ah!, ¡si bien supieras
Cuánto pareció más mal
   Dido ofreciendo al Troyano
las glorias de tu belleza,
que pagando su flaqueza,
muerta con su propia mano!

Sol

   Si yo, falso, comenzara
rogándote con mi amor,
fuera bien que tu rigor
mi liviandad acusara.
   Mas si por haber tratado
los dos nuestro casamiento,
justamente el pensamiento
toda el alma te ha entregado;
   viendo burlar mi esperanza,
esto que he hecho, traidor,
no es solicitar tu amor,
sino culpar tu mudanza.
   Y así no es razón que arguyas
de livianas mis porfías,
ni que finjas culpas mías
para disculpar las tuyas.

Juan

   Sol, en injustas razones
estriba tu sentimiento
y en un vano fundamento
la obligación que me pones.
   Tú no te has certificado
a qué salí con Arnesto,
ni tienes más razón de esto
que la que tú has sospechado.
   Pues mi obligación, bien sabes

que no de ser menor;
que palabras en amor
son las prendas menos graves.
   Tratámonos de casar.
Tratamos, yo lo confieso;
si me quisiste por eso,
la suerte debes culpar;
   pues tu divina belleza
prohíbe a mi voluntad,
por ser nuestra calidad
igual con nuestra pobreza.

Sol   Cuando empezaste a tratarlo,
¿cómo en eso no míraste?

Juan   Sí miré; mas no ignoraste
que entonces, para intentarlo,
   toda la esperanza mía
etuvo solo fundada
en la herencia que la armada
de las Indias me traía.
   Hízola un furioso viento
tesoro inútil del mar
con que fue fuerza mudar,
si no el amor, el intento.
   Que nuestros deudos han sido
de este parecer de suerte,
que aun el hablarte y el verte
estorbarme han pretendido.
   Así que, a no poder más,
mudo intento. Si pudieres
haz lo mismo; que si quieres,
mujer eres, y podrás.

(Vanse don Juan y Jimeno.)

Sol   Ruego al cielo, pues permite,
       cruel, tu injusto rigor,
       o que me quite el amor,
       o que la vida me quite.

(Vanse doña Sol y Celia. Sale Agüero, con un papel cerrado.)

Agüero   El rizado mozalbito
       casco-alegre y pie-liviano
       no advierte que hay escribano
       que huele a legua un delito,
        y jueces tan enteros,
       que por esta liviandad
       me traerán por la ciudad,
       hecho un arzobispo, en cueros.
        Pues luego, ¡Blanca codicia
       del amor el dulce trato!
       No vive con más recato
       una beata novicia.
        ¡Que don Juan me ponga en esto!
       ¡Vive Dios, que estoy tentado!
       Mas mi palabra le he dado.
       En obligación me he puesto.
        Dios me libre; que esta moza,
       según es dura y cruel,
       temo que de este papel
       me fabrique la coroza.

(Sale doña Blanca.)

Blanca   Agüero

Agüero	Señora mía.
Blanca	¿Qué hay de nuevo?
Agüero	Esa belleza

Agüero
                                 Esa belleza
que admira naturaleza
por más nueva cada día.
   ¡Ay Blanca!, que la ciudad
toda alabaros procura.
El mancebo la hermosura,
el viejo la honestidad.
   ¡Ay!, que sé que tierno y firme
alguno en vuestra afición...

Blanca
Basta ya de adulación.
¿Tenéis algo que pedirme?

Agüero
   No; que daros, sí, por Dios,
porque a vos, señora mía,
¿quién os ve, que no querría
darse todo entero a vos?
   Bien parece que no oís
los suspiros y las quejas
que estas paredes y rejas
despiertan mientras dormís.
   Por Dios, que estoy ya cansado
de mil buenos que a mí vienen
a decirme el mal que tienen,
de vuestros ojos causado.
   Quizá piensan que su amor
he de deciros. ¡Mal año!
Que de vuestro pecho extraño
no saben, cual yo, el rigor.
   Que si no fuera por eso,

fundara en vuestra belleza
de renta mayor riqueza
que dicen que tuvo Creso.
    Que aun hoy a mí se llegaba...

Blanca   Sacadme de ese aposento
Un libro.

Agüero (Aparte.)   (¿Qué pensamiento
—cuando al de amor la guiaba—
al mejor tiempo me impide?)

Blanca   ¿No vais?

Agüero   ¿Qué libro os agrada?

Blanca   Dadme a fray Luis de Granada.

Agüero (Aparte.)   (Bien con mi intento se mide.)

(Vase.)

Blanca   Él tiene alguna embajada,
según sospecho, que darme
y es ley de mi honor mostrarme
tan esquiva y recatada,
    aunque la curiosidad
con fuerza me solicita.

(Sale Agüero metiendo el papel en el libro.)

Agüero (Aparte.)   (El que la ocasión me quita,
me la ha de dar en verdad.
    El billete pondré aquí;

que aunque el libro es santo y bueno,
en vaso de oro el veneno
se suele esconder así.)
    ¿Es éste, señora?

(Dale el libro.)

Blanca   Él es.
No leyendo, mucho aciertas.

Agüero   Tres tienes, y en las cubiertas
los conozco todos tres.

(Aparte.)   (A solas quiero dejalla
que pierda el miedo al honor;
que con los solos amor
hace más bien su batalla.)

(Vase y doña Blanca empieza a leer.)

Blanca   «Capítulo...» Al fin Agüero
se fue sin decirme nada.
Él temió verme enojada.
Cobarde es para tercero.
   Un curioso pensamiento
altera mi corazón,
o centellas de amor son
las inquietudes que siento.
   Porque ¿dónde hay fortaleza
para poder resistir
dos años de combatir
con amor y con firmeza?

(Abre el libro y halla el papel.)

Pero ¿qué es esto? ¡Papel
sin sobrescrito y cerrado!
Ya entiendo. El libro me ha dado
Agüero, y lo puso en él,
    y por eso me dejó
a solas, según advierto.
Como cazador experto,
puso el lazo y se escondió.
    ¿Si es de don Juan? Pierdo el seso
Por verlo; mas no quisiera
que Agüero de mí entendiera
tan no acostumbrado exceso.
    Cerrado viene. ¿Qué haré?
Mas pues sola me ha dejado,
con la traza que he pensado,
disimularlo podré

(Abre el papel.)   Que cerrando otro papel
de la forma que éste viene,
pues sobrescrito no tiene,
podré engañarle con él,
    rompiéndolo, sin abrirlo,
En su presencia. Esto es hecho.

(Lee la firma.)   «Don Juan de Luna.» Del pecho
sale el alma a recibirlo.

(Lee.)   «Si fue contingente el veros,
fuerza fue, Blanca, el amaros,
sin remedio el olvidaros,
imposible el mereceros.
Entre combates tan fieros
nunca la desconfianza
en mi amor hizo mudanza;
y en pocas veces se ve

que no enflaquezca la fe
donde falta la esperanza.
    Pero yo, que solo atiendo
a amar, y no a merecer,
Blanca, en pudiéndoos querer,
alcanzo lo que pretendo.
Y así, aunque vivo muriendo,
nunca os pediré la vida
ni que estéis agradecida;
mas solo que permitáis,
pues que vos misma obligáis
aquereros, ser querida.
    Don Juan de Luna.» ¡Qué leo!
¿Son versos, amor, o son
flechas para el corazón
y rayos para el deseo?
    a responder soy forzada;
que amante y correspondida
es necedad conocida
el morir de recatada.
    De Agüero no hay que fiar
los secretos de mi honor;
que tiene poco valor
para saberlos callar.
    Pero buena traza es ésta.
el mismo viejo he de hacer
que se la dé, sin saber
que se la da, la respuesta.

(Escribe y habla lo que sigue.)

    «A tan hidalga porfía
fuera crueldad la esquiveza.
Agradezco tu firmeza,

justa ocasión de la mía.
Al balcón de mediodía
a medianoche te espero,
donde hablarte a solas quiero;
que en las cosas de opinión
livianos testigos son
Un papel y un escudero.»

Mi amor se determinó.
cerrarélo de manera
que este papel no difiera
del que don Juan me envió;
que así no ha de conocello
el viejo; y si por mi daño
don Juan no entiende el engaño,
no vengo a arriesgar en ello
Más que un pliego de papel.

(Mientras ha dicho esto, ha cerrado el papel como estaba el de don Juan.)

Pues solo mi padre vio
mi letra, y no he puesto yo
razón conocida en él.
Agüero.

(Asómase Agüero a la puerta.)

Agüero   Señora.

Blanca   Entrad.

Agüero (Aparte.)   (El diablo me hizo alcahuete.)

(Muéstrale su billete.)

Blanca	¿Pusistes este billete vos aquí? Decid verdad.
Agüero	Yo lo puse.
Blanca	¿Para qué? Acabad. ¿En qué dudáis?
Agüero	Para que vos lo leáis; que enojaros recelé; Y porque palabra di, obligado y condolido de don Juan de Luna, ha sido forzoso dárosle así.

Blanca	No habéis tenido razón
	en lo que intentado habéis,
	pues con solo eso ponéis
	mi opinión en opinión.
	  Y si no mirara yo,
	villano, lo que perdiera
	con solo que se supiera
	que nadie a tal se atrevió,
	  llevárades, os prometo,
	tantos palos, que otro día
	a una vil esclava mía
	no perdierais el respeto.
	  Pasar sin castigo puede,
	por el primero, este error;
	mas porque de él en mi honor
	ningún escrúpulo quede

(Dale el papel.)	volved a don Juan cerrado su billete; que con eso

su locura y vuestro exceso
viene a quedar remediado.

Agüero   Haré lo que me mandáis.
(Aparte.)   (El vil oficio maldigo
                                y a quien más lo usare.)

Blanca   Digo
                                que a don Juan se le volváis.

Agüero   Lo que una vez me dijistes,
                                ¿cuándo a mí se me olvidó?

Blanca   Mirad que he de saber yo
                                Si en su mano se la distes.

Agüero   Darle. El papel le pondré,
                                Señora, en sus propias manos.
(Aparte.)   (¡Ay, doblones soberanos,
                                qué poco tiempo os gocé!)

(Vase. Sale don Nuño.)

Blanca   Hermano.

Nuño   Blanca querida,
                                por remedio vengo a ti.

Blanca   ¿De qué, don Nuño?

Nuño   ¡Ay de mí!
                                No menos que de la vida.

Blanca   Pues habla.

Nuño	Aunque es mi intención
	a tu estado desigual,
	ser mi peligro mortal
	da justa dispensación.
	Yo estoy, para que concluya
	y sepas mi triste estado,
	Blanca mía, enamorado.
Blanca	¿De quién?
Nuño	De una amiga tuya.
	Sol, de mi mal causa bella,
	salió al campo de Tablada;
	y aunque la vi disfrazada,
	seguíla hasta conocella.
	Basta decir que la vi
	para haber dicho que muero,
	y el remedio no lo espero,
	si no me viene de ti.
	Procura estrechar con ella
	la amistad, hermana mía,
	porque con tu tercería
	venga mi amor a vencella.
Blanca	Mirar por tu vida es justo.
Nuño	De que irás a visitarla
	mañana quiero avisarla.
Blanca	Disponlo, hermano, a tu gusto.
Nuño	Advierte que con don Juan
	de Luna trata de amor,

según sospecho.

Blanca (Aparte.)   (¡Ah traidor!)
                    ¿Quién?

Nuño   Doña Sol de Guzmán.

Blanca   ¿No son primos?

Nuño   Deudos son,
pero no son tan cercanos,
que para darse las manos
aguarden dispensación.

Blanca (Aparte.)   (Muerta soy.)

Nuño   Digo que adviertas
que trata con él amores.
Porque de hacerle favores,
como puedas, la diviertas.

(Vase.)

Blanca   ¡Hola, Agüero! Ya se ha ido,
ya mi papel le habrá dado.
¡Que pueda haberme engañado
el que tan constante ha sido!
    ¡Que el amor en persuadirme
toda su fuerza pusiese,
y en la otra mano tuviese
la causa de arrepentirme!
    ¿Qué he de hacer, ya declarada,
si ve el papel? ¿Qué he de hacer
sino morir o vencer,

celosa y enamorada?

(Vase. Salen Arnesto y Sancho, de noche.)

Arnesto
No se atrevió el escudero
a llevarle un papel.

Sancho
¿No?
Si Agüero no se atrevió,
téngolo por mal agüero.

Arnesto
Dice que es tan virtuosa,
tan honesta y recatada,
que la devoción le agrada
solamente.

Sancho
¡Extraña cosa!

Arnesto
Tanto más loco me veo.
Blanca con la resistencia
don Juan con la competencia
encienden más mi deseo,
y a quitar inconvenientes
me resuelvo.

Sancho
Bien harás.

Arnesto
Pues oye. Tú buscarás,
Sancho, dos o tres valientes
de estos que pagados dan
muertes y heridas; que quiero
hacer sin riesgo al dinero
homicida de don Juan.

Sancho	Eso es fácil. La memoria
	quiero recorrer señor.
(Aparte.)	(¿Por dónde puedo mejor
	dar triste fin a mi historia?
	Que él es rico, y su pecado,
	él no, yo lo he de pagar,
	pues la soga ha de quebrar
	siempre por lo más delgado.
	Diréle que sí, y fingiendo
	inconvenientes, el daño
	dilataré; que el engaño
	más seguro es concediendo.)
	¡Gloria a Dios, que me he acordado!
	un hombre llamarte quiero,
	que es de Madrid, y el primero
	por lo valiente y callado.
Arnesto	Eso es lo que he menester.
	¿Y cómo se llama?
Sancho	Cid,
	por mal nombre.
Arnesto	¿Y de Madrid?
Sancho	¿Pues de dónde puede ser,
	sino del lugar felice
	en que el rey de España nace
	quien no diga lo que hace,
	y quien haga lo que dice?
Arnesto	Búscalo luego.
Sancho	De mí

puedes fiar.

Arnesto
                        Muera, ingrata,
el que de celos me mata.
Quizá me querrás así.

Sancho
        Sí; que no son pedernales
sus entrañas, y ya creo
que te quiere.

Arnesto
                        ¡Ay Dios!, que veo
contra mí muchas señales;
    que mañana, dice Agüero,
que a doña Sol de Guzmán,
la parienta de don Juan,
va a visitar la que quiero.
    mira si es bien de temer
esta liga.

Sancho
                    No, señor,
que don Juan a tu valor,
¿qué competencia ha de hacer?
    Si con poder la regalas,
si con galas la festejas,
¿correrá don Juan parejas,
aunque amor le dé sus alas?

Arnesto
        Bien dices. Quiero servilla
públicamente.

Sancho
                        Eso sí.

Arnesto
Mi amor será desde aquí
la fábula de Sevilla,

	quizá la publicidad
	engendrará amor en ella.
Sancho	O al menos vendrá a vencella,
	si no amor, la vanidad.
Arnesto	Pues avisa a don Julián
	por la mañana, al gallardo
	don Francisco, a don Bernardo
	y a don Pedro de Luján.
	No quede al fin caballero
	que conozcas por mi amigo,
	Sancho, que no hagas testigo
	de que enamorado muero;
	y que para festejar
	a la que adoro, quisiera
	que a caballo y de carrera
	todos me fuesen a honrar
	mañana.
Sancho	Déjame hacer,
	y descuida; que si alcanza
	don Juan alguna esperanza,
	mañana la ha de perder.
Arnesto	Aderécenme el overo
	con rizos, cintas y galas;
	que sus pies han de ser alas
	con que vuele al bien que espero.
	Oye. ¿Es reloj?
Sancho	Sí, señor.
Arnesto	Cuenta.

Sancho   Dos.

(Sale doña Blanca, a una ventana.)

Blanca (Aparte.)   (Entre las glorias
                              de tus mayores victorias
                              puedes poner esta, Amor.
                                Gente veo. Mi invención
                              sin duda entendió don Juan.
                              Él y Jimeno serán;
                              que son dos.)

Sancho   Las doce son.

Arnesto   Quedo, Sancho.

Sancho   ¡Vive Dios,
                              que hay en el balcón de Blanca
                              un bulto con toca blanca!

Blanca (Aparte.)   (Él llega.)

Sancho (Aparte.)   (Mujer sois vos.)

Arnesto   Quiero hablar...

Sancho   Muda, señor,
                              la voz; que por dicha es
                              su padre el bulto que ves,
                              y lo blanco el tocador.
                                Y es cosa que ha sucedido
                              requebrar a la mujer
                              un amante, y responder

con una bala el marido.

Arnesto   ¿Es Blanca?

Blanca   ¿Quién es?

Arnesto   Señora,
a tal hora, ¿qué dudáis?
¿A quién, sino a mí, aguardáis
en ese balcón?

Blanca (Aparte.)   (Agora
estoy ya cierta que es él,
y que mi papel leyó;
que en esto señas me dio
de lo que dice el papel.)
        ¿Es don Juan?

Arnesto   No me obliguéis,
con preguntarlo, a pensar
que a otro podéis aguardar.
(Aparte.)   (¡Ah enemiga!)

Sancho (Aparte.)   (¿Esas tenéis?)

Blanca   Yo os respondí agradecida,
don Juan, a vuestro cuidado;
pero ya de haberlo estado
me hallaréis arrepentida,
    porque he sabido después
que a doña Sol, vuestra prima,
estimáis, y ella os estima;
y si acaso el interés
    de mi dote os ha obligado

a fingir aquí afición
teniendo allá el corazón,
engañáis muy engañado;
que si para mi marido
sois pequeño todo vos,
¿ué será si entre las dos
estáis, don Juan, dividido?

Arnesto   Hermoso dueño, escuchad.

Sancho (Aparte.)   (Mátala a celos.)

(Salen don Juan y Jimeno.)

Jimeno   Dos son
                   Y están hablando al balcón.

Blanca   ¡Que viene gente! Callad.

Juan (Aparte.)   (¡Vos sois, Blanca, la cruel,
                   la esquiva, la recatada,
                   la que me volvéis airada
                   sin leerlo mi papel!)

Jimeno (Aparte.)   (¡La santica! ¡Fuego en ti!)

Juan   ¡Si es Arnesto, vive Dios!
                   Pues estamos dos a dos,
                   que hemos de acabar aquí
                      el desafío. Esta vez
                   propone a Blanca el amor
                   por premio del vencedor,
                   siendo ella misma el juez.

Jimeno	Si están solos, verás presto
	la calle desocupada.
	pero tener emboscada
	es sin duda, si es Arnesto.
Juan	¿Ya temes?
Jimeno	No me acobardo;
	que prevenir no es temer.
	Déjame reconocer
	primero el campo.

(Vase.)

Juan	Aquí aguardo.
Sancho	El uno se va, y sin duda
	el otro que se ha quedado,
	pues guarda el puesto, ha enviado
	a llamar gente en su ayuda.
Arnesto	Bien dices.
Sancho	Y es de inferir
	que quien tan cerca se ha puesto
	viéndonos en este puesto,
	tiene gana de reñir.
Arnesto	¿Si es don Juan?
Sancho	Sin duda alguna,
	y Troya ha de ser aquí.
Arnesto	Oye, pues me tiene a mí

Blanca por don Juan de Luna,
   para desacreditarle
con ella, Sancho, lleguemos,
y las espadas saquemos
para echallo de la calle;
   y en sacándola don Juan,
huyamos.

Sancho   De buena gana;
que es la industria soberana.

(Sacan las espadas.)

Blanca   ¡Triste de mí! A reñir van.

Arnesto   Sancho, callando ha de ser,
para no ser conocidos
de él ni de Blanca.

(Embisten a don Juan, y él saca la espada, y se acuchillan.)

La ventaja os pudo hacer;
   mas presto la de mi espada
arrepentir os hará.

(Vuelve Jimeno.)

Jimeno   El diablo anda suelto.

Blanca   Ya
está la cuestión trabada.

(Éntranse huyendo Arnesto y Sancho, y tras ellos don Juan.)

Mas ¡cielos! ¿Qué es esto? ¡Dos
huyen de uno! ¿Has olvidado
la sangre que has heredado,
Don Juan?

Jimeno   Pues huyen, por Dios,
                    que no he llegado muy tarde.
                    A ellos.

Blanca   Huyendo van.
                    ¡Ah, quién te viera, don Juan,
                    antes muerto que cobarde!

(Vanse.)

Fin de la primera jornada

Jornada segunda

(Salen Arnesto y Sancho.)

Sancho
      Pues estás determinado
a servir y festejar
a Blanca, y a publicar
en Sevilla tu cuidado,
  embiste con osadía,
habla en cualquier ocasión.
Mira que enemigas son
la dicha y la cobardía.
  Y más cuando pienso yo
que con tu ingrata querida
irá don Juan de caída
con lo que anoche pasó;
  porque habiéndose logrado
la invención, es caso cierto
que cuando no se haya muerto
el fuego, se habrá aplacado,
  si ya en amoroso ardor
por don Juan Blanca vivía;
que nunca en la cobardía
halló incentivo el amor.

Arnesto
      Bien se hizo.

Sancho
         ¡Enredo extraño!
Don Juan quedó por cobarde.

Arnesto
      Y nuestro silencio tarde
dará luz al desengaño.

Sancho
      Falta, pues Blanca creyó

que don Juan de Luna ha huido,
darle a entender que tú has sido
quien de la calle le echó.

Arnesto   Dices bien.

Sancho   Pues la ocasión
no pierdas con Blanca hermosa;
que siempre fue poderosa
la primera información.
    Ella ha de salir agora,
que a doña Sol de Guzmán,
la parienta de don Juan,
va a visitar, y ya es hora.
    Al bajar de la escalera,
llega al encuentro; y así
hasta el coche desde allí
te escuchará, aunque no quiera,
    sin que te cause cuidado
que su padre te verá;
que en ello no se tendrá
don Beltrán por desdichado,
    Pues pretendes para esposa
a Blanca, y hoy no hay mujer
que no se pueda tener
con tu mano por dichosa.

Arnesto   Ella baja.

Sancho   Y según veo,
solamente la acompaña
Agüero. Con dicha extraña
vela a su fin tu deseo,
    Pues para lograrlo, así

Fortuna el lance te ha puesto.

(Salen doña Blanca, con manto y Agüero.)

Blanca   ¡Vos aquí, señor Arnesto!

Arnesto   ¿Cuándo yo no estoy aquí?
¿Cuándo, señora, ofendí
la fe con que el alma os doy?
Y yo, mientras vivo soy,
decidme vos, ¿cómo haré
que con el cuerpo no esté
donde con el alma estoy?
   Preguntadlo a esos balcones,
testigos noches y días,
ya de las razones mías,
ya de ajenas sinrazones;
que en algunas ocasiones
han visto que no temí,
por no apartarme de aquí,
competencia aventajada;
si bien le debo a mi espada
lo que vos, ingrata, a mí.
   Yo no fuera tan osado
que la cuestión comenzara;
que la sombra respetara
de esta casa por sagrado.
Solo adoraba callado
vuestros balcones; y el brío
del contrario desvarío
fue quien me vino a obligar
a quitarle su lugar
para defender el mío.
   Perdonadme, y de Cupido

ved la extraña condición,
pues os pido a vos perdón,
cuando fui yo el ofendido.

Blanca   No os entiendo.

Arnesto   Ni he entendido
yo que entenderme podáis,
porque vos, Blanca, no estáis
en la ventana a deshora;
pero dígolo, señora,
para cuando lo entendáis.

Sancho (Aparte.)   (¡Oh qué bien!)

Blanca (Aparte.)   (¡Que Arnesto fue
más valiente que Don Juan!
¡Cuán diferentes están
los afectos de mi fe!)
Perdonadme que no esté
más de espacio; que el lugar
no es decente, y el estar
aguardando la visita,
de la obligación me quita
de responder y escuchar.

Agüero   El coche.

Arnesto   Mi pensamiento
nunca tanto presumió,
que quisiese parar yo
el coche al Sol un momento;
antes, señora, me siento
tan lejos de ser altivo,

que puesto que solo vivo
mientras vuestra luz me dais,
yo mismo, para que os vais,
he de quitar el estribo.
    Ésta es la prueba mayor
que os puedo dar de obediente;
y más cuando al occidente
partís, Blanca, de mi amor.
Mi paciencia a mi dolor
han igualado los cielos,
pues ayudan mis recelos
a que vaya esa hermosura
donde muere mi ventura
y donde nacen mis celos.
    Mas consuélame, señora,
que vais donde en vuestro amor,
si tengo competidor,
tenéis vos competidora.

Blanca   También es enigma agora
lo que habláis.

Arnesto   Aun bien que estima
de suerte al Sol de una prima
cierta Luna en que os miráis,
que es fuerza que allá entendáis
en sus aspectos mi enima.

Blanca (Aparte.)   (¡Todos saben que ha querido
Don Juan a su prima, y yo
sola soy quien lo ignoró!)
Adiós.

Arnesto   Yo no me despido;

que seguir pienso atrevido
ese Sol, pues mi fortuna
se muestra tan importuna,
que quiere, señora mía,
que me huya el Sol de día
como de noche la Luna.

(Vanse doña Blanca y Agüero.)

Sancho
¡Tomaos ésa! Tan discreto
Y tan agudo has andado,
Señor, que triste he quedado.

Arnesto
¿Triste?

Sancho
Triste.

Arnesto
¡Extraño efeto!
¿Por qué?

Sancho
Como en un sujeto
nunca se han visto caber
la ventura y el saber,
viéndote sabio, hago cuenta
que es tu riqueza violenta,
y vendrás a empobrecer.

Arnesto
Por dar lisonja presente,
futuro mal pronosticas.
Cuando de sabio te picas,
¡alabas tan neciamente!
A su dama un elocuente
dijo: «Sabia sois de modo
que a creer no me acomodo

que sois bella». Y respondió:
«Necio, más quisiera yo
que lo creyérades todo.»
   Y porque, cuando se ofrezca,
hables menos ignorante,
oye. Caso es repugnante
que el sabio pobre enriquezca;
pero también que empobrezca
el sabio, sí vez alguna
llega a enriquecer, repugna,
supuesto que es menester
para conservar, saber,
si para alcanzar, Fortuna.

Sancho   Don Beltrán es éste.

Arnesto   Quiero
Poner en ejecución,
pues se me ofrece ocasión,
mi intento.

Sancho   Vitoria espero.
con dicha, industria y dinero,
seguro vas a atreverte.

Arnesto   Prevén el caballo.

Sancho   Advierte
que sus mudanzas duplica
de suerte, que pronostica
la mudanza de tu suerte.

(Vanse. Salen don Juan y Jimeno.)

Juan	Jimeno, yo soy perdido.
	Cierto es mi daño, Jimeno.
	cuanto sucede, me quita
	la esperanza del remedio.
	Con la visita que hoy hace
	Blanca a Sol, del todo siento
	perdidas mis pretensiones
	y precitos mis deseos.
Jimeno	¿Por qué, señor?
Juan	Porque Sol,
	necia de amor y de celos,
	con Blanca ha de procurar
	descomponer mis intentos;
	y si finezas creídas
	de dos años no pudieron
	alcanzar de ella un favor,
	considera cuánto menos
	lo alcanzaré cuando crea
	que engañoso la pretendo,
	poniendo en ella los ojos
	y en otra los pensamientos.
	Procurar satisfacerla
	es en vano; porque si entro
	a verla estando con Sol,
	me amenazan sus excesos.
	Si no gozo esta ocasión,
	ha de confirmar por cierto
	que quiero a Sol, y no entré
	temeroso de sus celos.
	Pues si Blanca —que es posible—
	la visita con intento
	de hallar ocasión de hablarme,

¡triste de mí si la pierdo!
Y más si acaso el buscarla
y el humanarse es efeto
del valor que anoche vio
en mi espada y en mi pecho.
Pero no; que no es posible
causarle agradecimiento
quitarle su gusto a ella
y dar disgusto a su dueño.
Mil confusiones me anegan.
Aconséjame, Jimeno;
que yo entre celos y amor
imito ya al marinero
que, con los fieros combates
de las olas y los vientos,
sin fuerzas tiene el timón
y sin sentido el gobierno.

Jimeno   Ya llega Blanca, y será
sin duda el mejor acuerdo
que en este zaguán le digas,
al pasar, tus sentimientos;
y en su respuesta, en su acción,
en sus ojos, en su aspecto
conocerás sus designios,
y te regirás por ellos.

Juan   Bien dices.

Jimeno   Ella se apea.

Juan   Déjame solo, Jimeno;
que ya sabes por mi mal
cuán recatado es mi dueño.

(Apártase Jimeno.)

Jimeno   Contigo, a la oscuridad
                    de este rincón me encomiendo.

(Salen Blanca y Agüero.)

Juan   Aquí os aguarda, señora,
                    el más leal escudero;
                    que, pagándole tan mal,
                    no es poco milagro serlo.

Blanca   Señor don Juan, siempre vi
                    que para subir al cielo
                    del Sol, es fuerza encontrar
                    el de la Luna primero.

Jimeno (Aparte.)   (¿Celos?)

Blanca   Y viendo la noche
                    correr tanto, dije, luego
                    a la conjunción del Sol
                    irá a parar como a centro.

Juan   No corriera así la Luna,
                    a no ser forzada a ello;
                    que ese cielo, primer móvil,
                    la obligó a cursos violentos.

Blanca   ¿Adónde vais?

Juan   A serviros.

Blanca	Mirad que sois Luna, y temo que se ha de eclipsar el Sol, don Juan, si delante os llevo.
Juan	Quisiera más una blanca.
Blanca	Quedaos aquí
Juan	Porque pienso que os canso, y que os serviré más en quedarme, me quedo aguardando a que volváis, si bien que os mudéis no espero.
Blanca	Sola esa falta os conozco.
Juan	¿Cuál?
Blanca	No esperar.
Juan	Antes creo Que os obligo...
Blanca	Don Juan, nadie alcanzó jamás huyendo.

(Vanse doña Blanca y Agüero.)

Jimeno	¡Bien haya quien te parió, y bien haya el monedero que supo batir a oscuras Blanca de tan alto precio!
Juan	¿Qué te parece?

Jimeno	Que indigno
	de Blanca te considero,
	si te quejas de tu estado.
	¡Con qué estilo tan discreto,
	con qué cifras tan agudas,
	con qué equívocos tan nuevos
	te ha sabido dar favores
	y de Sol pedirte celos!
	¡Con qué términos tan propios,
	tan breves y verdaderos
	prosiguió la alegoría
	de la Luna, el Sol y el cielo!
	No como algún presumido,
	en cuyos humildes versos
	hay cisma de alegorías
	y confusión de concetos,
	retruécano de palabras,
	tiqui-miquí y embeleco,
	Patarata del oído
	y engañifa del ingenio;
	que bien mirado, señor,
	es música de instrumentos,
	que suena y no dice nada.
	Pero ¿de qué estás suspenso?
Juan	Ponderando las razones
	y meditando el aspecto
	de Blanca, temo otras cifras,
	y sospecho otros misterios
	de los que hemos entendido,
	engañados del deseo.
	Que decir: «Viendo la noche
	correr tanto, dije luego,

a la conjunción del Sol
irá a parar como a centro»;
y esto con un tonecillo
a lo falso, no lo entiendo.
«¡Correr tanto!» Motejarme
de «correr mucho», siguiendo,
no viene bien.

Jimeno   Antes sí
pues te dio quejas en eso,
hablando irónicamente
de tu engaño y de sus celos.
Porque fue decirte claro,
¿cómo es posible que el mesmo
que riñe tan animoso
y que sigue tan ligero
al contrario, fugitivo
por mi amor, tenga otro dueño?

Juan   Eso pudiera entenderse,
si no me dijera luego:
«Sola esa falta os conozco,
que es no esperar»; y tras esto,
por remate: «Don Juan, nadie
alcanzó jamás huyendo».
Esto ¿qué tiene que ver
con el amor que le muestro,
cuidado con que la sigo
y ardor con que la deseo?

Jimeno   Por Dios que dices bien. «¡Nadie
alcanzó jamás huyendo!»
¿Por qué lo pudo decir?

Juan	Por ella no.
Jimeno	Llano es eso. si ha dos años que la sigues.
Juan	Pues en mi vida me acuerdo de haber huido.
Jimeno	Señor, tú ¿no me has dicho que Arnesto, cuando al campo de Tablada fuistes a reñir, en viendo a don Beltrán, se mostró muy animoso y soberbio, y que tú te reportaste?
Juan	Sí.
Jimeno	Pues ¿sabes lo que entiendo?
Juan	¿Qué?
Jimeno	Que don Beltrán creyó que la arrogancia en Arnesto nació de valor, y en ti la reportación, de miedo, y así lo contó a su hija; si ya tu contrario mesmo no fue el autor de la historia.
Juan	Puede ser; mas el suceso de anoche, ¿no es desengaño?
Jimeno	Por ventura a los que huyeron

64

no conoció.

Juan   ¿Cómo no,
si estaba hablando con ellos?

Jimeno   Sin ser por arte del diablo,
puede hablar por pasatiempo
una mujer con quien pasa
de noche, sin conocerlo;
antes con quien no conoce
se entretiene, según pienso,
con más gusto, porque tiene
más licencia y menos riesgo.

Juan   Fuesen o no conocidos,
¿no vio que los dos huyeron
de mí?

Jimeno   Según es tu dicha,
pensará que fue concierto
y fingida la cuestión,
a la usanza de estos tiempos,
que hay pendencia de tramoya
y valientes de embeleco.
Pero sucedióle mal
a un valiente en este intento;
que enviando dos amigos
para la invención a un puesto,
antes que ellos, lo ocuparon
dos amantes verdaderos.
El valiente de invención,
viéndolos allí y creyendo
ser los ensayados, hizo
el papel de embestimiento.

Los dos dieron animosos
en él y en su compañero;
y como se vio apretado,
empezó a decir muy quedo:
«Huid, hola; que ya está
Fulana al balcón»; mas ellos,
como el papel no sabían,
contra el ensayo, en efeto,
le dieron un tresquilón,
y erraron todo el enredo.

Juan   Pocas veces alcanzaron
buen fin engañosos Medios.

Jimeno   Don Nuño viene.

(Sale don Nuño.)

Juan   Don Nuño,
¿Vos en esta casa?

Nuño   Tengo
mi hermana acá visitando
a vuestra parienta, y quiero
pasar con ellas la tarde.

Juan   Porque dos a dos estemos,
quiero acompañaros, Nuño.

Nuño (Aparte.)   (Perdonaránlo mis celos.)

(Don Juan y Jimeno hablan aparte.)

Jimeno   Señor, ¿a entrar te resuelves?

Juan

Tiénenme loco, Jimeno,
estas enigmas de Blanca,
y en esta ocasión pretendo
entendellas, y suceda
lo que sucediere.

Jimeno

Temo
que te eche Sol a perder.

Juan

Si no es cuerda, y yo me veo
apretado, claramente
le diré que no la quiero,
por satisfacer a Blanca,
y a Sol castigar su exceso.

(Vanse. Salen doña Blanca, doña Sol y Celia; después, don Juan, Nuño y Jimeno.)

Sol

Mañana os pienso pagar
la visita.

Blanca

Desde agora
Me obligáis a desear
Tener mucho que fiar
a tan buena pagadora,
y así quiero que quedemos
tan amigas, Sol hermosa,
que jamás nos apartemos.

Sol

Soy en eso tan dichosa,
que porque principio demos,
vos, en tanto que está ausente
mi padre de la ciudad,

habéis de ser solamente
consuelo a mi soledad.

....

(Aparte.)   (Extraña máquina emprendo.)

(Habla Celia aparte con doña Sol.)

Celia   Don Juan es éste.

Sol   Vendrá
A doña Blanca siguiendo.

Celia   Disimula.

Sol   En eso está
conseguir lo que pretendo.

(Salen don Juan, don Nuño y Jimeno.)

Nuño   No he querido, Sol hermosa,
que sola goce mi hermana
de esta ocasión venturosa;
que tengo el alma envidiosa
de dicha tan soberana.

Sol   Antes, don Nuño, he creído
que por colmar la ventura
que hoy alcanzo, habéis venido.
sillas, ¡hola!

Nuño (Aparte.)   (¡Qué hermosura!)

Juan   Yo estoy tan agradecido
de que la vengáis a honrar,

por lo que en sangre me toca
Sol, que me quisiera hallar
con fuerzas para pagar
lo que agradece la boca.

Sol (Aparte.)   (Esto es dar satisfacción.)

Blanca (Aparte.)   (No se ha podido abstener
de gozar de la ocasión.)

Jimeno (Aparte.)   (Hoy está Roma que ha de arder,
y yo pienso ser Nerón.)

(Nuño habla aparte con doña Blanca.)

Nuño   Hermana, a don Juan divierte,
mentras digo mi dolor
a Sol.

Blanca   No pudo la suerte
cumplir mi intento mejor.

(Siéntase al lado de doña Sol don Nuño, y al de Blanca don Juan. Celia habla aparte con doña Sol.)

Celia   El caso vino a ponerte
  en la mano la ocasión
para conocer del todo
si hay reliquias de afición
tuya en don Juan.

Sol   ¿De qué modo?

Celia   Con la ordinaria invención

de dar celos.

Sol   Dices bien.

Celia   Pues tienes a Nuño al lado,
de tantas partes dotado
tan excelentes, ¿con quién
le puedes dar más cuidado?

Sol   De la ocasión gozaré.

Celia   Finge gran divertimiento
con él, y atenta veré
si alguna señal se ve
en don Juan de sentimiento.

Sol   Aunque eso es darle lugar
de hablar a la que me ofende,
conviene disimular
al engaño que pretende
mi amor ciego ejecutar.

(Doña Sol habla con don Nuño y Blanca con don Juan.)

Juan   Perdonad si he quebrantado,
Blanca, vuestro mandamiento;
que bien estoy disculpado,
si advertís que me ha obligado
la fuerza del sentimiento.
Mandásteme que no entrara,
dueño soberano, aquí;
mas es tal la pena en mí,
que al mismo infierno bajara,
como a este cielo subí.

Las preñeces misteriosas
de vuestras graves razones
han sido en mi poderosas
a romper obligaciones,
en quien ama, tan forzosas.
  Dos años ha que fiel
os sigo sufriendo enojos,
y ayer ingrata y cruel
me volvistes a los ojos,
sin leerlo este papel.

(Muéstrale el papel que dio Blanca a Agüero, y vuélvelo a la faltriquera.)

Blanca (Aparte.)   (¡Cerrado está! ¿Qué estoy viendo?)

Juan   Y tras esto vengo a oíros
que ninguno alcanza huyendo.
¿Es huir de vos seguiros?
Porque, si no, no os entiendo.
  Anoche con mi pasión
fui a vuestra calle a deshora.
Dos hombres hallé al balcón;
si acaso hablaban, señora,
con vos, vos sabréis quién son.
  Y aunque ardiente reprimía
todo un infierno en mi pecho,
callando mi mal sufría,
respetando a mi despecho
la causa que me ofendía.
  Embistiéronme; que acaso
los animó mi paciencia;
mas mi espada a todo paso
les hizo ver el ocaso
del Sol de vuestra presencia.

¡Y tras esto motejáis
mi ligereza! No entiendo
los misterios que tocáis.
¿Por ventura condenáis
el correr mucho siguiendo?

Blanca (Aparte.)   (¿Qué escucho?)

Juan   Cuando sabéis
que sigo empresa tan alta
dos años ha, ¿respondéis:
«Solo os conozco esa falta,
que es no esperar»? ¿Qué queréis
con estas cifras, mi bien?
Habladme claras razones.
Basta que vuestro desdén
me mate, sin que también
me atormenten confusiones.

Blanca (Aparte.)   (Ni mi papel ha leído,
Ni es quien anoche me habló;
que agora he desconocido
la voz. Sin duda que ha sido
Arnesto quien me engañó.
Claro está. No pudo ser
tan cobarde un caballero.)
Don Juan...

Juan   Señora...

Blanca (Aparte.)   (No quiero
declararme hasta saber
si a Sol tiene amor, primero.
pues mi papel no ha leído,

en su engaño se ha de estar;
que si en amarme es fingido,
corrida vendré a quedar
si él queda favorecido.)
  Cuanto os he dicho, nació
de haber pensado que fuistes,
don Juan, quien anoche huyó;
mas siendo vos quien seguisteis,
todo lo dicho cesó.
  En lo demás mi rigor,
pues es justo, no os espante,
ni vuestro fingido amor
pida a una estrella favor,
cuando de un Sol sois amante.

Juan   ¡De Sol! Sí jamás ha sido
                sujeto de mi afición.

(Doña Sol habla aparte con Celia.)

Sol   ¿Mira?

Celia   Ni imaginación
                de mirar acá ha tenido.

Sol   ¡Maldiga Dios tu invención!

Nuño   ¿Qué es esto, Sol de mi vida?
                Cuando os digo mi cuidado,
                ¡os mostráis tan divertida!

Sol (Aparte.)   (Ciego está de enamorado,
                y yo loca de ofendida.)

Nuño (Aparte.)   (¡Vive el cielo, que es hablalle
                    hablar a un tronco, a una fiera!
                    Mejor me estará que calle.)

(Suenan cascabeles dentro.)

Jimeno   Pasando están la carrera
                    caballeros en la calle.

Sol   Blanca, a la ventana a vella
                    salgamos.

Nuño   Si ese arrebol
                    les da sus rayos, Sol bella,
                    serán caballos del Sol
                    los que pasaren por ella.

Blanca (Aparte.)   (¡Mal haya la fiesta, amén,
                    que me impide las de amor!)

Juan   ¿Cuándo alcanzaré, mi bien,
                    el fin de tanto desdén?

Blanca   Cuando asegure el favor.

Juan   Dos años ha, Blanca bella,
                    que estoy firme en mi porfía.

Blanca   Siete años de pastor Jacob servía

Juan   Con esperanza al fin de poseella,
                    si mil sirviera y más, muy poco hacía.

Blanca   Al fin llegó, sirviendo, a merecella.

(Vanse las mujeres.)

Juan   ¡Dichoso yo, pues mi firmeza alcanza
                        a ver el rostro ya de la esperanza!

Nuño   ¿Qué queréis hacer?

Juan   Yo digo
                        que, si os agrada, salgamos
                        a ver la carrera.

Nuño   Vamos.

Voces (Dentro.)   ¡Aparta. ¡Dios sea contigo!

(Vanse y salen por otra puerta don Juan, Nuño, y Jimeno.)

Voces (Dentro.)   ¡Ese caballo matad.

Jimeno   El jinete ha dado en tierra.

Nuño   Percances son de esta guerra.

Jimeno   Acá nos le traen.

(Sacan a Arnesto entre Sancho y otro Criado.)

Sancho   Buscad
                        Un jarro de agua.

Arnesto   No es bien;
                        que la sangre alborotada
                        dicen que se queda helada.

Sancho	¡Mal haya el caballo, amén! ¿Llamaremos un barbero?
Arnesto	No.
Juan	¿Es Arnesto el que cayó?
Nuño	Él es.
Jimeno	Juráralo yo. no le arma lo caballero.
Juan (Aparte.)	(No falte la cortesía por la enemistad.) ¿Qué es esto? ¿Qué sentís, señor Arnesto?
Arnesto	Señor don Juan...
Juan	A fe mía, que me pesa.
Arnesto	Yo lo creo de vuestro mucho valor.
Juan	¿Qué sientes?
Arnesto	Algún dolor en esta mano.
Juan (Aparte.)	(Deseo Mostrarle aquí bizarría.) Llegad la mano.

(Saca don Juan un lienzo. Al sacarle, se le cae el papel de Blanca, y ata el lienzo a Arnesto.)

Arnesto   ¿Qué es esto?
                          ¿Vos me dais remedio?

Juan   Arnesto,
                          es honrosa valentía
                             dar fuerza al competidor
                          para matarlo después;
                          que de un doliente no es
                          hazaña ser vencedor.

Sancho (Aparte.)   (Don Juan de Luna sacó
                          entre el lenzuelo un papel.
                          ¿Sí Blanca es el dueño de él?
                          Pues nadie lo ha visto, yo,
                             si puedo, lo cogeré.)

Arnesto   Señor don Nuño, ¿aquí estáis?

Nuño   A ver si algo me mandáis.

Arnesto   El serviros yo tendré
                             por dichosa presunción.

Criado   Señor, el coche está aquí,
                          Si en él quieres irte.

Arnesto   Sí.
                          Adiós.

(Levanta Sancho el papel.)

Sancho   Ésta es la ocasión.

(Vanse Arnesto, Sancho, el Criado y don Nuño.)

Jimeno   ¡Mira el contrario que tienes!
                                Ello es gran cosa ser rico.
                                Al más grande y al más chico
                                mueven sus males y bienes.
                                    Hasta don Nuño, que aquí
                                contigo debió quedarse,
                                va con él, sin acordarse
                                de despedirse de ti.
                                    Yo sé cierto que si fueras
                                tú, señor, el que caías,
                                aún la tierra no hallarías
                                sobre que muerto cayeras.
                                    Pero si justo descuento
                                tiene todo en esta vida
                                —que en Arnesto la caída
                                fue descuento del contento
                                    de que gozaba en correr—
                                tú, que sin caballo estás,
                                el descuento que tendrás
                                es que no puedes caer.

Juan   Que no envidio, te prometo,
                                el poder que Arnesto alcanza,
                                supuesto que a la mudanza
                                de Fortuna está sujeto.

Jimeno   Eso, ignorante ha de ser,
                                Señor, el que lo dudare;
                                mas dure lo que durare,
                                es beato el poseer.

78

¿Hay cosa como aquel coche
que con tanta quietud rueda,
la tarde por la Alameda,
por el Arenal la noche,
    a la comedia, a Tablada,
si es invierno y claro el día,
a casa de doña Mencía,
si hace la tarde pesada?
    Pues en Madrid ¿es peor,
las mañanas del verano,
dar con el fresco temprano
vuelta a la calle Mayor?
    Las tardes, que esto es muy justo,
a Atocha, y volverse al Prado,
si es posible, acompañado
de un amigo de buen gusto.
    «Anda, para, vuelve, espera.
No me muelas; más despacio.»
Muy bracicaído y lacio,
perniabierto en la testera...
    Soltar la capa, y perdiendo
un poco más la vergüenza,
quitar al cuello la trenza,
irse acá y allá cayendo.
    «Arrima a mano derecha.»
Y, arrojándose al estribo,
echar con mirar altivo
a la ventana una flecha;
    y en pasando, todavía
volver a mirar atrás,
quizá no teniendo más
que ver allí que en Turquía.
    Topar la tapada niña...
«¿Quereisos entrar aquí?»

«¿Os reñirán?» «Para.» «A mí
no hay quien me cele ni riña.»
  «Entrad, y tendréis las dos
coche y dulces, ángel bello.»
«¿Seréis hombre para ello?»
«Si mujer para ello vos.»
  «¿De veras?» «Mi bien, ¿merece
que dudéis mi cortesía?»
«¿Qué haremos, señora tía?
Cortesano me parece.»
  Entra. El estribo quitad.
«¡Hay tal vergüenza! ¡Maldito!»
«Mire que ha de ir muy quedito.»
Corre esa cortina. «Andad.»
  «Mostrad la cara.» «Señor,
mire que es diablo esta vieja.»
Y lo demás que se deja
para el discreto lector.
  Ni hay más gusto, ni al vivir
llamo yo vivir sin ello;
y si nunca he de tenello,
luego me quiero morir.

Juan   Ya podrá ser que algún día
alcance a ver tu esperanza
en tu fortuna mudanza
pues yo la he visto en la mía.

Jimeno   ¿Cómo, señor?

Juan   Grandes cosas
hay de nuevo.

Jimeno   No me mates.

Habla, acaba. No dilates
esas nuevas venturosas.

Juan   Blanca me ha favorecido.

Jimeno   Luego lo vi.

Juan   ¿En qué lo viste?

Jimeno   En que tú me lo dijiste.

Juan   ¡Quién tuviera un buen vestido
                o una joya para ti!

Jimeno   ¿Por qué?

Juan   Por esa frialdad.

Jimeno   Recibo la voluntad.
                Mas don Beltrán viene aquí.

Juan   Vendrá por su hija.

Jimeno   Es claro;
                que es su padre y su galán.

Juan   Lo oscuro de este zaguán
                será mi secreto amparo.
                   No sospeche mis pasiones
                y me impida mi fortuna.

Jimeno   Siendo pobre, hasta la Luna
                ha de andar por los rincones.

(Vanse don Juan y Jimeno. Salen Arnesto, que saca en la mano el papel de Blanca y Sancho.)

Sancho   En el zaguán de su prima,
cuando el lenzuelo sacó,
salió envuelto en él, y yo
puse el pie al descuido encima,
    y sin que nadie me viera,
lo cogí.

Arnesto   Temblando voy
a abrirlo; que cierto estoy
que es de aquella ingrata fiera.

(Abre el papel.)

Sancho   Ésta es letra de mujer.

Arnesto   Sin firma, por más secreto.

Sancho   Será su dueño discreto.

Arnesto   Oye.

Sancho   Comienza a leer.

(Lee.)

Arnesto   «A tan hidalga porfía
fuera crueldad la esquiveza.
Agradezco la firmeza,
justa ocasión de la mía.
Al balcón de mediodía
a medianoche te espero,

Donde hablarte a solas quiero;
que en las cosas de opinión
livianos testigos son
un papel y un escudero.»

   Blanca es sin duda. ¡Ah rigor
de inhumano sentimiento!
Todo me abrasa el furor.
¿Qué infierno en el alma siento?
Éste ¿es efecto de amor?
   ¡Ah ingrata! ¡Cuán sin provecho
tantas finezas he hecho!
Pues ya todo se trocó;
que es envidia, y amor no,
esto que me abrasa el pecho.
   ¿Qué es del hombre de Madrid,
Sancho?

Sancho
              No está en el lugar,
y esto no se ha de fiar
de otro, señor, que de Cid.
   Mañana viene.

Arnesto
                 Mil años
es un día en mis pasiones.

Sancho (Aparte.)
(Engañosas dilaciones
remediarán estos daños.)
   No te entregues al dolor.
Vuelve en ti, cobra quietud;
que importa más tu salud
que doña Blanca y su amor.
   Y por dicha no sería
ella el dueño del papel.

Arnesto	¡Ay, Sancho! que dice en él:
	«A tan hidalga porfía...»
	Que don Juan dos años ha
	que, de Blanca enamorado,
	en seguirla ha porfiado...
	y es mi mal. Cierto será.
	«Al balcón de mediodía
	a medianoche te espero.»
	¿Qué indicio más verdadero
	de la desventura mía?
	Que éste es, Sancho, el balcón solo
	de su aposento, y los tres
	de la otra calle, ya ves
	que al nacer los mira Apolo.
	«Livianos testigos son
	un papel y un escudero.»
	Este escudero es Agüero.
Sancho	Infelice en tu afición.
Arnesto	Y por eso se ha excusado
	de llevarle mi papel;
	que por la mano con él
	don Juan sin duda ha ganado.
	Todo conforma en mi mal.
	No busques medio a mi pena,
	Pues el cielo me condena
	a infierno tan desigual.
Sancho	¿Remedias el mal cruel
	con aflicción tan extraña?
	Más que el mal suceso, daría
	afligirse mucho de él.

Arnesto	No puedo más.
Sancho	Oye, aplaca el dolor; que ya yo ordeno cómo del mismo veneno salga, señor, la triaca.
Arnesto	¿Cómo?

Sancho	Don Juan recibió
	hoy sin duda este papel.
	Lo que Blanca ordena en él
	no sabe, pues no lo abrió.
	    Ve esta noche, y ser don Juan
	finge como la pasada,
	pues quedó Blanca engañada.
	Quizá los cielos querrán
	    que tú en su nombre poseas
	lo que tu afición no alcanza,
	y tendrán gusto y venganza
	gozando el bien que deseas.

Arnesto	Bien dices.
Sancho	Sabrás, señor, al menos con este engaño, hasta donde llega el daño y a qué se extiende el favor.
Arnesto	Digo que has consolado.
Sancho	Impedirás sus efectos, sabiendo así sus secretos;

que es buena razón de estado.

(Sale un Criado.)

Criado   Señor. Agüero está aquí.

Arnesto   ¿Quién?

Criado   Agüero, el escudero
de doña Blanca.

Arnesto   ¡Ah embustero!

Sancho   Disimula.

Arnesto   Harelo así,
porque a Blanca no prevenga;
mas tú examina su pecho,
y si la verdad sospecho,
su justo castigo tenga.

Sancho   Sí es tu gusto, ¡triste de él!
Déjame que yo lo ordene;
que hago voto solene
que pueden doblar por él.

(Sale Agüero.)

Arnesto   Sea, Agüero, bien venido.
¿Qué hay por acá [diferente]?

Agüero   Saber si algún accidente,
Señor, ha sobrevenido
al daño de la caída.

86

Arnesto	No fue nada.
Agüero	¡Gloria a Dios! Que os deseo el bien a vos, por Dios, como a mí la vida.
Arnesto	Dios le guarde; que no está perdido en mí ese deseo.
Agüero (Aparte.)	(Nunca la ganancia veo.)
Arnesto	¿Qué hay de Blanca? ¿Salió ya de la visita?
Agüero	Ya queda en su aposento encerrada.
Arnesto	¿Tan fiera y tan recatada como siempre?
Agüero	No hay quien pueda de su rigor excesivo sufrir la aspereza —tanto—, que si es ángel por lo santo, es demonio por lo esquivo.
Arnesto	¡Válgame Dios! ¿Que jamás, en fin, le diste recado ni papel enamorado?
Agüero	Con el mismo Barrabás tratara de eso primero.

Arnesto	Esto de hablar por ventana,
	¿No hay que tratar?
Agüero	Cosa es llana.
Arnesto (Aparte.)	(En los puntos viene Agüero.)
	Con todo, habéis de intentar
	darle un billete.
Agüero	Por Dios,
	que es en vano; mas por vos
	la vida quiero arriesgar.
Arnesto	¡Hola! a Agüero regalad,
	mientras escribo.

(Vase Arnesto.)

Sancho	Cenemos
	juntos hoy, porque os queremos
	mostrar nuestra voluntad.
	Venga salchicha y solomo,
	y a falta, mucha tajada
	de bacallao y pescada.
	¿Comeisla, Agüero?
Agüero	Sí como.
	A todo, al fin, me acomodo,
	y en bulla muerdo de un césped.
Sancho	Pues soltad el cinto, huésped;
	que a fe que ha de haber de todo.

(Vanse los dos. Salen don Beltrán y Blanca.)

Beltrán   En algo, Blanca, ha de torcerse el gusto,
la ley guardando y la razón siguiendo
de lo decente, provechoso y justo.

Blanca   Hacer tu voluntad solo pretendo;
mas piénsalo mejor, y por ventura
entenderás lo mismo que yo entiendo.
    Por ser tan rico Arnesto, me procura
merecer la opinión: yo la confieso;
mas no hay hacienda en mercader segura.
    Sin medida es su crédito; mas eso
es la misma ocasión de su ruina,
pues a gastar le obliga con exceso.
    Y si la hacienda a su intención te inclina,
el cielo ¿no te dio también riqueza?
¿Adónde el ciego desear camina?
    No trueques a dinero la nobleza;
que ésa ha de ser un hidalgo pecho
última apelación de la pobreza.

Beltrán   Dame los brazos, hija; que no ha hecho
el cielo padre alguno más dichoso.

Blanca   Yo lo seré, si quedas satisfecho.

Beltrán   Sí quedo; mas haréte, no imperioso
padre, sino amigable consejero,
Blanca, un advertimiento provechoso.
    Algunas casas nobles considero
al señoril dosel entronizadas,
que de ellas fue el autor solo el dinero.
    Las edades presentes y pasadas
togas, armas y púrpuras sin cuenta

han visto con dinero conquistadas.

No puedo yo negarte que la renta
que me dejaron, hija, mis pasados
con honra y con descanso me sustenta;

mas pasa de los padres los cuidados
el amor de los hijos ambicioso
a más que a conservarse en sus estados.

Si con mediana hacienda noble esposo
te doy, ¿qué te adelanto? ¿Qué acreciento
a tu heredado nombre generoso?

Si da copioso fruto el casamiento,
¿no es la disminución más evidente,
dividida tu hacienda, que el aumento?

Así, no ha de admirarte que yo intente,
siendo tan rico Arnesto, su esperanza
cumplir, porque tu casta se acreciente.

Si nobleza a la tuya igual no alcanza,
tampoco a su riqueza iguala alguna.
Lo que una baja, sube otra balanza.

Si dices que es sujeta a la Fortuna,
¿Cuál mira de su imperio exceptuada
el ámbito del cielo de la Luna?

Piénsalo, Blanca, bien; que aunque me agrada
tu honrosa presunción, quisiera verte
menos resuelta y más considerada.

Blanca   Quiero en pensarlo bien obedecerte...
(Aparte.)   (Mas no en hacello.)

Beltrán   Si le das la mano,
                       contento aguardaré, Blanca, la muerte.

Voz (Dentro.)   ¡Para!

Blanca	Coche ha parado.
Beltrán	¡Tan temprano! ¿Quién será?
Blanca	Sol, que viene de visita.

Beltrán	De que te huelgues, hija, estoy ufano.
	  Alégrate, a mis años años quita,
	y pues discreta y principal doncella
	es Sol, y ser tu amiga solicita,
	  procura en amistad correspondella,
	porque tus melancólicas pasiones
	diviertas alegrándote con ella.

Blanca	Uno es ya de las dos los corazones.

(Vase don Beltrán. Salen Arnesto y Sancho.)

Sancho	A su padre hablaste ayer, ¡y hoy por la respuesta vienes! La misma priesa que tienes, temo que te eche a perder.
Arnesto	¿Por qué, Sancho?
Sancho	Porque veo que es tal nuestra condición, que nos quita estimación el mostrar mucho deseo.
Arnesto	¿No es Blanca?
Blanca (Aparte.)	(¿No es el que veo

Arnesto?)

Sancho   ¡Ocasión dichosa!

Blanca (Aparte.)   (No me engaño.)

Arnesto   Blanca hermosa...

Blanca (Aparte.)   (No me pesa; que deseo
                             Decirle mi parecer.)
                           Muy mal os tratáis, Arnesto,
                           pues cuando estáis indispuesto,
                           merced nos venís a hacer
                             tan temprano.

Arnesto   El alma mía
                           adivina me dictaba
                           que sola aquí me esperaba
                           la gloria que pretendía,
                             y en las alas del amor
                           os vine, volando, a ver.

Blanca   ¿Alas hubo menester
                           quien es tan buen corredor?

Arnesto (Aparte.)   (¿Son desprecios o favores?)
                           A quien os ha de alcanzar,
                           aún no le basta volar.

(Aparte.)   (¿Qué es esto?)

Blanca (Aparte.)   (¿Mudáis colores?)
                             Bien decís. Para seguir,
                           alas habéis menester;
                           que lo que sabéis correr

es bastante para huir.

Arnesto   Es verdad; que a quien no gasta,
le sobra cualquier riqueza.
Y así cualquier ligereza
al que no huye, le basta.

Blanca   Es cosa llana que es esto
lo que he querido decir;
que vos no podéis huir
sin dejar de ser Arnesto.

Arnesto   Por la merced que me hacéis,
beso el suelo que pisáis,
pues de mostrar os dignáis,
señora, que ya entendéis
  los enigmas de que ayer
desentendida os hicistes.

Blanca   En cuidado me pusistes;
y al fin los vine a entender;
  que los engaños que había
opuesto la oscuridad
de la noche a la verdad,
deshizo la luz del día;
  y a entenderos he venido
cuando por ventura os fuera;
mas gustoso que no os diera
a entender que os he entendido.

Arnesto   No os entiendo.

Blanca   Ni creáis
que entiendo que me entendéis;

pero dicho os lo tendréis
para cuando lo entendáis.

(Vase doña Blanca.)

Arnesto   ¡Ay, Sancho, yo soy perdido!

Sancho   ¿Cómo, señor?

Arnesto   Del engaño
que hicimos, el desengaño
ya doña Blanca ha tenido.
          la suerte que a mí bien se opone.

Sancho   No te aflijas.

Arnesto   ¿Qué he de hacer?

Sancho   Procuremos deshacer
lo que la suerte dispone.

Arnesto   Si ella concierta mi muerte,
del remedio me despido.

Sancho   Alguna vez ha podido
más la industria que la suerte.

(Vanse.)

          Fin de la segunda jornada

Jornada tercera

(Salen doña Blanca, doña Sol: y Celia. Doña Sol: aparece acabando de leer para sí un papel.)

Blanca   ¿Agrádate?

Sol   Blanca mía,
siendo de tu blanca mano
y tu ingenio soberano,
¿desagradarme podía?
    Con esto voy ya segura
de ser en amor dichosa,
pues echa tu mano hermosa
las suertes de mi ventura.

Blanca   Al menos, a poder tanto
como el deseo el papel,
les diera a las letras de él
fuerza de amoroso encanto;
    que por ti determinada,
según en servirte gano,
como la pluma en la mano
pondré en el pecho la espada.

Sol   La misma correspondencia
hallarás siempre en mi pecho.

Blanca   Quiera amor que en tu provecho
se logre mi diligencia,
    y que a don Fernando veas
en tu afición abrasado,
que como propio cuidado
me aflige lo que deseas...

| (Aparte.) | (Pues librarme así confío |
| | de mi celoso tormento.) |

Sol (Aparte.)	(Ya entiendo tu pensamiento;
	mas no entenderás el mío,
	sin que mi traza engañosa
	efecto tenga primero.)

Blanca (Aparte.)	(Mi hermano viene: yo quiero
	darle lugar.) Sol hermosa,
	dame licencia un momento.

Sol   ¿Dónde vas?

Blanca   A hacer formar,
pues el Sol he de hospedar,
un cielo en un aposento

Sol   En tu cuarto, Blanca mía,
ha de ser; que es cosa clara
que será cielo tu cara
y gloria tu compañía.

(Vase Blanca. Sale don Nuño.)

Nuño   Fortuna quiere ayudarme,
Pues pone a mis pretensiones
oportunas ocasiones.

Celia   Don Nuño viene.

Sol   A cansarme
este rato, que a mi enredo

importa la soledad.

Celia   Él llega.

Sol   Con brevedad
lo despediré, si puedo.

Nuño   Bien temo, como amante verdadero,
que mis razones, Sol, han de cansarte;
mas el perdón espero,
si adviertes que la gloria de mirarte,
si no puedo explicarla,
menos puedo dejar de publicarla.
        ¿Ves cómo tras la noche tenebrosa
entre púrpura, nácar, oro y plata
se muestra el alba hermosa,
y mientras en aljófar se desata,
borda de mil colores
el pincel de su luz plantas y flores?
        ¿Ves cómo tras la horrísono tormenta
que con las ondas azotó los vientos,
y con furia violenta
lucharon entre sí los elementos,
tiende el Sol su melena
que alegra la región y el mar enfrena?
        ¿Ves como?...

Sol (Aparte.)   Basta, Nuño. (¡Qué enfadoso!)
¿Acaso no ha de dar ese rodeo
en que mi rostro hermoso
da más luz tras la ausencia a tu deseo,
que el Sol y el alba pura
tras la fiera borrasca y noche oscura?
        Prolija arenga, frases exquisitas,

¿van más que a encarecer de tu deseo
las fuerzas infinitas?
Pues no te canses más; que yo lo creo.
De una fe no igualada
me doy por entendida y obligada.
    ¿Quieres más?

Nuño   No es capaz el pensamiento
de tan alto favor.

Sol   Pues si agradarme
solamente es tu intento,
una cosa han de hacer para obligarme,
si bien dificultosa,
a tu amor igualmente provechosa.

Nuño   Mi vida y alma y libertad son tuyas.
El labio mueve, a muerte me condena.

Sol   Pues pídote que huyas
de repetirme tu amorosa pena;
que la mucha porfía
e gusto cansa y el amor hastía.
    Evitar cuanto puedas mi presencia,
pues tu amor me despierta, y yo lo creo,
será cuerda advertencia;
que con la privación crece el deseo;
y así, mientras te miro,
ni me haces falta ni por ti suspiro.
    Y al fin, si quieres ver tu amor logrado,
procede, al paso que tu pecho abrasa,
cortés y recatado
en tanto que soy huéspeda en tu casa;
que en ser tuya, confío

que ha de ser contra ti sagrado mío.

Nuño   Bien muestras tus entrañas, Sol, esquivas.

Sol   Esta prueba he de hacer de tu fineza.

Nuño   De ti por ti me privas,
                  ¿y he de seguir, huyendo, tu belleza?
                  Mas, dulce dueño, el polo
                  de mis acciones es tu gusto solo.
                  De obedecerte juro, y mis enojos
                  reprimiré a pesar de mi impaciencia,
                  y tus hermosos ojos
                  no me verán jamás sin tu licencia.
                  Solo pedirte quiero
                  que no te olvides de que ausente muero.

(Vase.)

Sol   ¿Qué dices, Celia?

Celia   Que estoy
                  confusa cómo no alcanzo
                  los fines de tus intentos
                  y de medios tan extraños.
                  Cuando veo que de Blanca
                  tienes celos declarados,
                  haces, señora, con ella
                  de amistad tan firmes lazos,
                  que, o me engaña su paciencia,
                  o me admiran tus engaños.
                  Por estar tu padre ausente,
                  esta noche has concertado
                  ser su huéspeda, sin ver

que tiene Blanca un hermano
mozo, galán y tu amante,
que a tu opinión hará daño.

Sol   ¡Ay, Celia! quien tiene el pecho
celoso y determinado,
ya a ejecutar sus deseos
y ya a vengar sus agravios,
no mira en inconvenientes;
pues más increíbles casos
solicitan mis cautelas,
que tú habrás imaginado.
Don Juan ha de ser mi esposo
con los enredos que trazo,
aunque aventure el honor.

Celia   Aconsejarte es en vano.

Sol   Escucha pues el papel
en que fundo mis engaños,
que en nombre de doña Blanca
escribo a mi dueño ingrato.

(Lee.)   «Un caso tengo importante
esta noche que trataros.
Venid en dando las doce;
que en mi balcón os aguardo.»

Celia   ¿No dice más?

Sol   Por no errar.

Celia   Es conveniente recato;
mas si conoce tu letra...

Sol	Blanca con su propia mano a mi ruego lo escribió.
Celia	¡Que Amor niño sepa tanto!
Sol	Fingíle que anda mi padre con recelo y con cuidado de que a un don Fernando miro con pensamientos livianos, y por esto me importaba mudar letra, por si acaso, antes que en las de mi dueño, diese el papel en sus manos; y que tenerlo quería prevenido para cuando me quisiese la Fortuna dar ocasión de enviarlo, contándole mil finezas que a creerme la obligaron que tengo abrasado el pecho por el fingido Fernando. Y aseguróla en sus celos ser la media noche el plazo que señalo en el papel; que viendo que para hablarnos don Juan y yo, por ser deudos. tenemos tan libre el paso, creyó ser otro el que adoro, y alegre ayudó a su engaño.
Celia	¡Sutil imaginación! Mas ¿con quién has de enviarlo;

Sol

Con Agüero, que al entrar
me dijo que en cierto caso
ha menester mi favor,
y esto he de pedirle en cambio.
Él viene. Déjame hablarle
a solas, y a Blanca en tanto
entra, Celia, a entretener;
y mira que con cuidado
le apartes de los balcones,
porque importa a lo que trazo
que no sepa mi enemigo
que con Blanca nos quedamos.

Celia

Muchos engaños requiere
la fábrica de un engaño.

(Vase. Sale Agüero.)

Agüero

Sol hermosa...

Sol

Por mi vida,
que me tiene con cuidado.
¿En qué le puedo ayudar?
Que ya lo estoy deseando.

Agüero

¡Plega a Dios, bella señora,
que ese ofrecimiento hidalgo
os pague Dios, que es quien paga
por pobres y desdichados.
No sé por dónde comience
a referir mis trabajos;
que si los callo padezco,
y temo si no los callo.
Yo sirvo; y diciendo sirvo,

	digo que soy desdichado,
	digo que vivo muriendo,
	digo que me lleve el diablo.

Sol   ¡Jesús! que es desesperar.

Agüero   ¿Qué hay que esperar en mi estado
¿Puede dar todo el infierno
mayor tormento que a un amo?
Digo al fin que a Blanca sirvo.
Ámola; que la he criado,
aunque de amor y crianza
me da, señora, mal pago.
Está de quiebra conmigo
—como si no hubieran dado
mas ocasión a su enojo
sus ojos que mis agravios—
porque de cierto penante,
de mil que prenden sus lazos,
le quise dar un papel.
Mirad vos ¡qué gran pecado!

Sol   ¿Quién es el galán?

Agüero   ¿Por quién
terciara yo en este caso,
sino por quien es tan noble,
tan discreto, tan hidalgo,
y pariente vuestro al fin,
como lo es don Juan?...

Sol (Aparte.)   (¡Ah, falso!)

Agüero   Que esto me debéis. De suerte

todas vuestras cosas amo,
que holgara, por Dios, de verlo
con mi señora casado.

Sol (Aparte.)   (Antes, enemigo, veas
el término de tus años.)
Y al fin, ¿admitió el papel?

Agüero   Sin abrirlo ni aun mirarlo,
me mandó que lo volviese
a don Juan, echando rayos
por la boca y por los ojos.

Sol (Aparte.)   (Justa pena de un ingrato.)

Agüero   Después acá, ni me mira
ni habla, y estoy temblando
de que en despedirme al fin
han de parar los nublados.
Vos, pues que sois tan su amiga,
y pues la causa del daño
fue cosa vuestra, tomad
en estas paces la mano.

Sol   La más dichosa ocasión
ha querido el cielo daros,
que vuestro mismo deseo
pudo pedir para el caso;
mas habéis de prometerme
el secreto.

Agüero   Seré un mármol.

Sol   Sabed... No sé sí lo diga.

104

Agüero	Señora, por San Estacio,
	que de un pecho vizcaíno
	no podéis mejor fiarlo.
Sol	Debajo de ese seguro,
	Agüero, os he de hablar claro.
	A don Juan adora Blanca.
Agüero	¡Qué decís!
Sol	Verdad os hablo.
	Y esta amistad que conmigo
	veis que de nuevo ha tratado,
	es por tener ocasión
	para verlo y para hablarlo.
	Ella en efecto le escribe
	este papel de su mano,
	y me pidió que con vos
	se lo enviase, callando
	el ser suyo; que no quiere
	su flaqueza declararos.
	Yo os la declaro, y fiara
	de un hombre que es tan hidalgo
	secretos que un mundo importen.
Agüero	Como de esos sé yo y callo.
Sol	Dádsele pues; que yo fío
	que en premiaros no ande escaso.
Agüero	¿Qué más premio que serviros?

(Dale el papel a Agüero.)

Sol	Yo solamente os encargo que no le digáis que estuvo este papel en mis manos ni que visitando quedo a Blanca.
Agüero	Perded cuidado.
Sol	Porque como, por estar ausente mi padre, salgo sin su licencia de casa, vivo con este recato, y todo de vos lo fío.
Agüero	En más pienso yo agradaros.
Sol	Adiós pues, y vuestras paces quedan, Agüero, a mi cargo; que haciendo esto vos por Blanca, quedaréis reconciliado.

(Vase doña Sol.)

Agüero	El tentador enemigo anda poniéndome lazos y ordenando por mil modos que me muelan cada rato. Apenas escapé vivo anoche de entre las manos de los criados de Arnesto por el otro papel, cuando el diablo me mete en otra, para ir luego el mismo diablo

a revelárselo a Arnesto,
que ponga fin a mis años.
Perdonad, Blanca; que yo
no quiero arriesgarme tanto,
porque no hallaré otra vida
y podré hallar otros amos.
Y perdonad vos, papel;
que tengo por más barato
—¡Malos años para vos!—
veros roto, que a mis cascos.

(Rompe el papel y vase. Salen Arnesto, Sancho y Julio, de noche, con una linterna.)

Julio
                    Jamás a don Juan he hablado.
No me puede conocer.

Sancho
                    Y lanternazo ha de haber
que lo deje deslumbrado.
   Ruega a los cielos que venga
él esta noche a la calle,
y que Blanca salga a hablalle;
que cuando efeto no tenga
   el llegarla tú a gozar
con el engaño que hacemos,
el pesar que les daremos
no se puede despintar;
   que es gran parte de tu intento.

Arnesto
                    Noche oscura, mi esperanza
pongo en ti.

Sancho
                          Todo se alcanza
con industria y sufrimiento.

(Salen don Juan y Jimeno, de noche.)

Jimeno   «¿Siete años de pastor Jacob servía,
            y al fin llegó, sirviendo, a merecerla.»
            Dijo tu adorada bella?

Juan   Sí, Jimeno.

Jimeno   Mucho fía
            Blanca de tu firme amor.
            Cara se quiere vender.

Juan   Debe también de saber,
            como yo su gran valor.

Jimeno   Y tú, constante y fiel
            entre desdenes y daños,
            ¿servirás otros siete años
            a tu divina Raquel?

Juan   Y son pocos.

Jimeno   Vive Dios,
            que pienso que se os olvida
            cuán limitada es la vida
            en este tiempo, a los dos!
            Antiguamente vivía
            un hombre quinientos años.
            Si en pretensiones y engaños
            quince o veinte consumía,
            no era mucho; mas agora,
            que sesenta es larga edad,
            hace muy grande necedad

quien más de un mes enamora

(Salen doña Sol y Celia al balcón. Están don Juan y Jimeno, a un lado; Arnesto y Sancho al otro.)

Celia   Advierte que es grande error
en una honrada doncella.

Sol   Celia, todo lo atropella
quien con celos tiene amor.
   Más graves yerros hicieron
diosas, reinas y matronas,
cuyas heroicas personas
espejo del mundo fueron.
   ¿Qué mucho que mis pasiones
precipiten mis intentos,
si me cercan más tormentos
y menos obligaciones?
   Y no es tan grande mi error,
pues junta el remedio al daño,
porque en lograr este engaño
está el conservar mi honor;
   pues que si a don Juan entrego
la mayor prenda, le obligo
a que se case conmigo,
aunque esté por Blanca ciego.
   Que siendo yo su parienta,
en descubriendo el engaño,
ha de remediar el daño
pues que le alcanza la afrenta.

Celia   Quiera Dios que de ese modo
venza tu industria a tu suerte.
Mas, ¿no ha de desconocerte

en la voz don Juan?

Sol
De todo
advertida, Celia, estoy;
que la habla mudaré,
y de Blanca le diré
que una mensajera soy.

Celia
Gente viene.

(A Jimeno.)

Juan
En el balcón
de la hermosa Blanca veo...

Jimeno
Ilusiones del deseo.

Juan
O soy ciego, o no lo son.

Jimeno
Ve con tiento.

Juan
Don Beltrán
no ha de estar tan a deshora
al balcón. ¿Sois vos, señora?

Celia
Don Juan es.

Sol
¿Quién es?

Juan
Don Juan,
Blanca hermosa.

Sol
Una criada
de doña Blanca soy yo,

que aguardaros me mandó
con una alegre embajada.

(Arnesto y Sancho hablan aparte.)

Arnesto   Hablando está.

Sancho   Felizmente,
                    si es don Juan, va la invención.

Arnesto   Manos a la ejecución.

Sol   Aguardad; que viene gente.

(Julio, seguido de Arnesto y Sancho, se llegan con la linterna descubierta a
don Juan.)

Julio   La justicia es, caballeros.

Juan   Don Juan de Luna soy yo.

Sancho   Presto en el lazo cayó.

Julio   Huélgome, don Juan, de veros;
                              que solo a buscaros vengo.

Juan   ¿Quién sois, y qué me mandáis?

Julio   Con un alguacil habláis
                           de la ciudad; y aunque os tengo,
                              por ser quien sois, voluntad,
                           soy del señor Asistente
                           un mensajero obediente.
                           Perdonadme, y escuchad.

En esta calle ha sabido
que a una principal doncella
le quitáis, con pretendella,
reputación y marido;
    y os encarga que enmendéis
esta nota; y el cuidado,
bien a mi pesar, me ha dado
de prenderos si excedéis.
    Hacedme merced a mí
—Que en el alma sentiría
perderos la cortesía—
que no os halle más aquí.

Sancho (Aparte.)   (¡Oh, qué bien!)

Juan   Señor...

Julio   Señor,
no hay que replicar en esto.

Juan   ¿Y si acaso a fin honesto
se encaminase mi amor?

Julio   Puede ser; mas no soy yo
con quien se ha de disputar.
Mi oficio es ejecutar
lo que el juez me mandó.
    Yo traigo orden de asistir
en esta calle en espía
hasta que el Sol traiga el día,
y cumplo con advertir
    que si a pisarla volvéis,
supuesto que os tengo ya
apercibido, será

fuerza que me perdonéis.

(Apártanse Julio, Arnesto y Sancho.)

Sol (Aparte.) (¡Triste de mí! que sospecho
que con esto mi invención
ha de perder ocasión.)

Arnesto Famosamente lo has hecho.

Juan ¡Que tal pase! Muero, rabio.
¡Que contra don Juan de Luna
dé a un mercader la Fortuna
fuerzas para tanto agravio!

Jimeno No te aflijas de ese modo.
El alguacil se fue ya.
Al balcón vuelve.

Juan Será,
Jimeno, perderlo todo;
que si excede este alguacil,
he de perderla y perderme,
pues fuera el dejar prenderme
a sus ojos, cosa vil.

Jimeno Bien adviertes. Lo mejor
es dejarlos descuidar,
y aunque te pese, aguardar
que se pase este rigor.

Juan Hallar un medio querría
con que a la calle volvieses,
y el recado me supieses

que doña Blanca me envía.

Jimeno   Ven; que ya me se ha ofrecido
una invención, con que puedo
pasar la calle sin miedo
de poder ser conocido.

Juan   A lo menos, sí al balcón
no puedes hablar, de espía
has de servir.

Jimeno   Hasta el día
lo seré con la invención.
    Tú, por lo que sucediera,
no lejos me has de aguardar.

Juan   Claro está que ha de velar
quien de amor y celos muere.

(Vanse don Juan y Jimeno.)

Sancho   Con esto no te podrá
en la voz desconocer,
que es lo que puedes temer.

Arnesto   Llega pues; que sola está
    la calle.

Sol   Sin duda alguna
volverá en viendo ocasión.
Mas espera.

Sancho   ¡Ah del balcón!

114

Sol	¿Quién es?
Sancho	A don Juan de Luna por estrecho amigo tengo, y él de mí sus casos fía. Si sois vos, señora mía, doña Blanca, a daros vengo de parte suya un recado.
Celia	Di que eres Blanca, señora, pues de conocer agora todo el peligro ha cesado, supuesto que el mensajero no te conoce.
Sol	Yo soy doña Blanca, y sola estoy. Hablar podéis, caballero.
Sancho	Don Juan de Luna, que agora a la vuelta de esta calle me encontró, y queda rompiendo con tristes quejas los aires, por mí os dice que —por señas que en un papel le mandastes que a medianoche viniese a gozar el favor grande de que por este balcón, hermosa Blanca, os hablase; y agora aquí un alguacil le notificó de parte del Asistente el destierro de esos ojos y esta calle— me deis la orden, señora,

115

que don Juan queréis que guarde;
que él, por no dar ocasión
a inconvenientes más graves,
recelando en esto más
los vuestros que sus pesares,
hasta saber vuestro gusto
quiere excusar que le halle
la justicia aquí otra vez,
recato de cuerdo amante.

(Doña Sol habla aparte con Celia.)

Sol   Celia, yo me determino.
Conocidas señas trae;
y si pierdo esta ocasión,
puede ser que otra no alcance.

Celia   Y el disponer lo que intentas
por terceras manos, hace
el engaño más seguro
y la ejecución más fácil.

(A Sancho.)

Sol   Señas me dais caballero,
tan ciertas y tan bastantes,
que no dudo que de vos
segura puedo fiarme;
y así le podéis decir
a don Juan...

(Sale Jimeno, disfrazado de ciego.)

Jimeno (Aparte.)   (Mirad iqué talle

de doncella principal!
No hay un punto de vacante.
Hablando están. ¡Vive Dios!
Ella es liviana y mudable;
y sin duda que por ella
se dijo primo occupanti.)

(Retírase Jimeno.)

Sancho   Justamente os resolvéis,
                  señora. Voy a avisarle,
                  y vos disponéis la casa,
                  y en el balcón aguardadle,
                  porque él, al punto que vea
                  sola y segura la calle,
                  venga a gozar la ocasión.

Sol   Pues id presto, y Dios os guarde.

(Apártase Sancho.)

Celia   Bien engañado lo envías.

Sol   Agora falta que apagues
                  la luz; que la oscuridad
                  siempre fue de engaños madre.

Celia   Blanca duerme, descuidada
                  de que le quitas su amante.

Sol   Quien tiene enemigo y duerme,
                  no se queje de sus males.

(Vanse Celia y doña Sol. Salen Arnesto, Sancho, Julio, y Jimeno.)

Arnesto	¿Qué hay, Sancho?
Sancho	Señor, albricias. A Blanca tengo de darte esta noche, si te atreves.
Arnesto	¿Eso dudas?
Sancho	Las formales palabras que Blanca ha dicho tengo aquí de recitarte.
Arnesto	Di.
Sancho	«Caballero, a don Juan decid que quiere mi padre con Arnesto, porque es rico, contra mi gusto casarme; mas yo, a don Juan obligada, agradecida y amante, más que las Indias estimo sus nobles y buenas partes; y viendo que por concierto es imposible que alcance efecto nuestra esperanza con mi codicioso padre, me resuelvo a ser su esposa esta noche, y entregarle para firmeza mayor las prendas más importantes. Y así le quedo aguardando; que venga al momento y trace cómo de este balcón pueda

pisar los altos umbrales.»
Éste es el caso. Yo voy
por escala. No se pase
la ocasión; y tú, señor,
queda guardando la calle.

(Vase Sancho.)

Arnesto

Ve, ¿será la vez primera
que se ve engañado un ángel,
y yo el primero ladrón
que el cielo por hurto alcance?

Jimeno (Aparte.)

(Ya que está desocupado
el puesto, hablaré, si puedo.
Mas ya hay gente. Estoyme quedo.)

Arnesto

Uno es solo, y se ha parado.

Jimeno (Aparte.)

(Aquí encaja la invención;
que a este galán no le ha hecho,
pues repara, buen provecho
verme. Aquí va de oración.)

(Reza como ciego.)

«Pedro, pescador sagrado,
de Jesús la luz os guía;
que el hábito habéis tomado
en su santa compañía,
y aún vais oliendo a pescado.»

Arnesto

¿Cómo andáis tan a deshoras,
hermano?

Jimeno

¿Qué os maravilla?

¿Es nuevo andar en Sevilla
rezando un ciego a estas horas?
    Para mí siempre está oscuro
el cielo y el Sol; y así
el más solo para mí
es el tiempo más seguro,
    pues sin encuentro ni azar
de persona, bestia o coche,
a mis devotos de noche
puedo a sus puertas rezar.

Arnesto   Pues idos con Dios agora.

Jimeno   ¡Feligreses granjeara,
si de rezar les dejara
su devoción a su hora!

Arnesto   Pues si me enojo con vos,
caro os habrá de costar.

Jimeno   ¡Aquí de Dios! ¿Por rezar
matan a un siervo de Dios?

Julio   Él te ha de echar a perder.

Jimeno   No puede hombre cristiano
este siglo.

Arnesto   Basta, hermano.

Jimeno   Pues yo lo tengo de ser,
aunque pese.

Arnesto (Aparte.)   (El alboroto

De la calle temo.) Digo
que recéis: rezad, amigo,
cumplid con vuestro devoto.

(Aparte.)   (Éste no puede dañarme;
que es ciego. Y que no lo sea,
este mendigo me vea,
y no quien pueda estorbarme.)

(Rezando.)

Jimeno   «Pedro, a mí me maravilla
ver que limpio no salgáis;
mas lleváis limpia y sencilla
alma a Dios, y no buscáis
para el vestido escobilla.»

(Sale Sancho, con una escala de cordeles.)

Sancho   Señor...

Arnesto   ¿Es Sancho?

Sancho   Ésta es
la escala. A ponerla voy.
Mientras poniéndola estoy,
quédate, y llega después;
porque siendo de esta suerte
junto el subir y el llegar,
ni tengas tiempo de hablar,
ni Blanca de conocerte.

(Vase Sancho.)

Arnesto   Bien has dicho. Voy tras ti.

Cielos, permitid que diga
yo que mi suerte enemiga
hoy con industria vencí.

(Vanse Arnesto y Julio.)

Jimeno   ¿Qué es esto? Sin duda alcanza
favor Arnesto en su pena;
que tanto no se serena
un rico sin esperanza.

(Reza.)   «¡Vos sois el fuerte vasallo
que a Dios seguir imagina!
Mas no queráis afrentallo.
Id, Pedro, para gallina;
que os hace llorar un gallo.»

                             Gente hay en el balcón. ¡Fuego,
Engañosa Blanca, en vos!
¿Vos sois la devota? ¡Ah, Dios,
lo que ve esta noche un ciego!

(Reza.)   «Decid, ¿no os bastó negar
al Señor más verdadero
sin jurar y blasfemar?
Elías fue carretero,
y no le vimos jurar.»

                             Mas, o me engaño, o sin alas
Arnesto sube al balcón.
Ello es sin duda. ¡Ah, ladrón,
que el cielo atrevido escalas!
      Al fin has llegado a verte
en el bien que has pretendido.

(Salen Sancho y Julio y, después don Juan.)

Sancho   Hoy en efeto ha podido
mas la industria que la suerte.

Julio   Hoy alcanzó de un desdén
un engaño la victoria.

(Reza.)

Jimeno   «Aquí gracia y allá gloria,
por siempre jamás amén.»
   Colóse. Voy a avisar
a mi dueño desdichado,
pues estando condenado,
no hay ya por él que rezar.

(Apártase y encuéntrese con don Juan que sale. Hablan en secreto ambos.)

Julio   La cruel, la desdeñosa,
¡Qué corrida y engañada
Se ha de hallar!

Sancho   Mas no burlada,
ni del engaño quejosa,
   pues cuando quedar podía
sin ningún descuento el daño,
esposa la hará el engaño
del Midas de Andalucía.

Julio   Mas ¿cómo dejó al balcón
pendiente la escala?

Sancho	Fue, por si en peligro se ve, atinada prevención; que tan tarde es cosa clara que está la calle segura.
Julio	Y la noche es tan oscura que, a ser mayor, la ocultara.
Juan	¡Válgame Dios! ¡Tal escucho, sin que dolor tan extraño arranque un alma tan triste de un pecho tan desdichado! ¡Cielo santo! a los que nacen a tanto mal destinados, ¿por qué el parto no es verdugo? ¿Por qué la cuna no es mármol?
Jimeno	¿Para cuándo es el valor si te falta en estos casos?
Juan	Tener sufrimiento aquí fuera negar lo que amo, confesar que no merezco, y no entender el agravio.
Jimeno	Mira que estás en la calle.
Juan	Jimeno, estás engañado; que en el infierno estoy, pues que me abraso, y no basto a pasar el mal que paso.

(Hablan aparte Sancho y Julio.)

Sancho	Don Juan es éste: ¿qué haremos?
Julio	Acertado será echarlo De la calle.
Sancho	Está de celos Furioso, y si lo intentamos, resistirá, y el ruido podrá causar mayor daño. despertando a don Beltrán a que sepa sus agravios.

(Sale don Beltrán, mirando con recato por el balcón.)

Beltrán (Aparte.)	(¿Quién con descompuestas voces la calle está alborotando?)
Juan (Aparte.)	(¡Ah fiera enemiga mía! ¡Qué es del honor no tocado, para quien mis pensamientos ni aun los ojos levantaron? ¿Dónde está la honestidad que yo veneraba tanto, la fingida compostura y el hipócrita recato? Los ídolos que adoré por tierra están derribados; la ciudad de mis tesoros miro en poder de un tirano. no te ha de gozar, liviana; sí puedo, no has de gozarlo. Sepa el mundo tus bajezas, pues supe yo mis agravios.)

(Da voces.)	Don Beltrán, mira tu honor, mira que te está robando un ladrón la mejor prenda.
Beltrán (Aparte.)	(¿Qué escucho?)
Jimeno	Eso ¿es remediarlo? Ves aquí que don Beltrán a Arnesto coja acostado con su hija...
Beltrán (Aparte.)	(¡Vive Dios, que han de morir a mis manos!)
(Quitase del balcón.)	
Jimeno	¿Servirá el cogerlos juntos sino de verlos casados, para más tormento tuyo?
Juan	Ninguno mayor aguardo; que en el infierno estoy, pues que me abraso, y no basto a pasar el mal que paso.
Beltrán (Dentro.)	¡Muera el traidor!
Sancho	Esto es hecho. Don Beltrán alborotado Da voces. ¡Ah triste Arnesto! No escaparás de sus manos.
Julio	Entremos a socorrerlo.
Sancho	Rompe las puertas.

Julio	De mármol son.
Jimeno	La justicia es sin duda.
Julio	Espera: pues ha quedado puesta la escala al balcón, subamos por ella.
Sancho	Vamos.

(Vanse los dos.)

Jimeno	Ellos suben al balcón.
Juan	Subamos también.
Jimeno	¿Tu agravio quieres ver?
Juan	¿Pues quién podrá no ver el fin de este caso?

(Vase don Juan.)

Jimeno   Así el padre a quien la muerte
le quita su hijo amado,
por más que le aflija el verlo,
quiere que muera en sus brazos.

(Vase Jimeno. Sale Arnesto, retirándose de Beltrán, Nuño y criados, todos con espadas desnudas y hachas encendidas; doña Blanca, doña Sol y Celia.)

Arnesto	Tened, señor don Beltrán.
	Escuchadme. Reportaos.
	Blanca es mi esposa. con esto
	¿No cesa cualquier agravio?

Beltrán	No cesa; que si es tan cierto
	que daros Blanca la mano
	es, aunque os sobren tesoros,
	para vos un bien tan alto;
	el dar con esto ocasi¢n
	a que entiendan que forzado
	la recibís por esposa,
	y no porque os honra tanto,
	es un agravio que solo
	se remedia con mataros.

Arnesto	¿Y el honor de vuestra hija?

Beltrán	Sepan que fui tan honrado,
	que quise vengar la afrenta
	más que remediar el dafío.

(Salen Sancho y Julio, con espadas desnudas.)

Sancho	Señor don Beltrán, teneos.

Nuño	Muera Arnesto y mueran cuantos
	le acompañan.

Julio	Somos muchos
	y estamos determinados.

Arnesto	Lo que importa es, pues perdistes
	ya la ocasión de vengaros,

remediar a dolía Blanca
para soldar el agravio.

Blanca   ¿Qué es remediar? ¿Vos pensáis
que os ha de dar un engaño
lo que vos no merecéis?
Oye, padre, advierte, hermano,
que estoy de todo inocente;
y Arnesto desesperado
de poderme merecer,
ha pretendido obligaros
de esta suerte a que le deis
contra mi gusto mi mano.
Averiguad la verdad
y castigad los culpados;
que yo no he de ser su esposa,
si arriesgo el honor, si acabo
la vida.

Arnesto   Basta, enemiga.
¡Que aún dura en tu pecho ingrato
la resistencia, cruel!
Dame la mano callando.
No quieras que aquí publique
tu deshonor con mi engaño.

Blanca   Hablad, declaraos, Arnesto;
que dais a entender callando
mucho más de lo que pueden
ofenderme vuestros labios.

(Salen don Juan y Jimeno, que se quedan retirados escuchando.)

Arnesto   Ya que a descubrir me obligas

                    tus pensamientos livianos,
                    y a no guardarte el decoro,
                    ¿Negarásme que pensando
                    que era yo don Juan de Luna,
                    a quien por éste has citado

(Saca y muestra un papel.)

                    para hablarte a medianoche
                    por el balcón de tu cuarto,
                    me diste audiencia y entrada,
                    con una escala que trajo
                    Sancho, testigo de todo?

Beltrán   Mostrad el papel.

(Arnesto entrega el papel a don Beltrán, quien lo lee para sí y luego dice a doña Blanca.)

                              Negarlo
                    no puedes; la letra es tuya.

Juan (Aparte.)   (Quitóme el bien un engaño.)

(Habla doña Sol aparte con Celia.)

Sol   Aquel, Celia, es mi papel.

Celia   Pues ¿cómo vino a las manos
                    de Arnesto?

Sol   La diligencia
                    Y el dinero pueden tanto...

Blanca (Aparte.)	(¡Cielos! Sin duda que Sol es autora destos daños, y este papel, que a su ruego escribí yo de mi mano.) Enemiga Sol, ¿qué tardas en deshacer tus encantos? que tú me hiciste escribir el papel que esto ha causado: tú sola pudiste dar entrada a Arnesto en mi cuarto.
Juan (Aparte.) (Adelantándose.)	(Ya cobro nueva esperanza.) Habla, Sol, ¿qué estás dudando? No pase de aquí el remedio, que estriba en el desengaño.
Nuño	Celia, tú lo sabes: habla.
Celia	Señora, el callar es vano, si se ha de saber al fin.
Sol (Aparte.)	(¿Han de ser mis propios labios pregoneros de mi infamia?)
Celia	Yo lo diré.
Sol	(Yo entretanto Aparte exhalaré el corazón en lágrimas desatado.
Celia	Verdad es que mi señora fingió ser Blanca, pensando que era don Juan, porque Arnesto fingió serlo; y así entrambos

vinieron a ser, creyendo
que engañaban, engañados.

Arnesto

Mira lo que dices, Celia.

Celia

Si verdad, Arnesto, os hablo,
las lágrimas lo confirmen
que Sol está derramando,
y las cintas de oro y seda
que se quitó del tocado
con que la escala subiese.

Juan

Y ella lo está confesando,
pues que no lo contradice.
Arnesto, dadle la mano.
Noble madre a vuestros hijos
y fin dichoso a estos casos.
lo que de todos al fin
habéis de haber obligado,
haced obligando a todos.

(A doña Sol.)

Arnesto

Pues ya he visto cuán en vano
la suerte quise vencer
con industria y con engaño,
yo soy vuestro.

Sol

Yo dichosa.

Nuño (Aparte.)

(Gusto pierdo y honra gano.)

Blanca

Gracias a los cielos doy,
que mi inocencia mostraron.

Beltrán	Inocente estás; mas debes considerar que ha notado toda la calle el ruido, y es forzoso remediarlo. Don Juan ha sido la causa de descubrirse este engaño, y sus celosos extremos los vecinos despertaron. Es Luna, en España ilustre, y será bien que sus rayos ahuyenten estas tinieblas que en tu opinión ha causado. Dale la mano.
Juan	Yo soy dichoso.
Blanca	Yo la que gano.
Julio	La industria ha puesto el poeta; la suerte está en vuestras manos.

Fin de la comedia

Libros a la carta

A la carta es un servicio especializado para

empresas,

librerías,

bibliotecas,

editoriales

y centros de enseñanza;

y permite confeccionar libros que, por su formato y concepción, sirven a los propósitos más específicos de estas instituciones.

Las empresas nos encargan ediciones personalizadas para marketing editorial o para regalos institucionales. Y los interesados solicitan, a título personal, ediciones antiguas, o no disponibles en el mercado; y las acompañan con notas y comentarios críticos.

Las ediciones tienen como apoyo un libro de estilo con todo tipo de referencias sobre los criterios de tratamiento tipográfico aplicados a nuestros libros que puede ser consultado en Linkgua-ediciones.com.

Linkgua edita por encargo diferentes versiones de una misma obra con distintos tratamientos ortotipográficos (actualizaciones de carácter divulgativo de un clásico, o versiones estrictamente fieles a la edición original de referencia).

Este servicio de ediciones a la carta le permitirá, si usted se dedica a la enseñanza, tener una forma de hacer pública su interpretación de un texto y, sobre una versión digitalizada «base», usted podrá introducir interpretaciones del texto fuente. Es un tópico que los profesores denuncien en clase los desmanes de una edición, o vayan comentando errores de interpretación de un texto y esta es una solución útil a esa necesidad del mundo académico.

Asimismo publicamos de manera sistemática, en un mismo catálogo, tesis doctorales y actas de congresos académicos, que son distribuidas a través de nuestra Web.

El servicio de «libros a la carta» funciona de dos formas.

1. Tenemos un fondo de libros digitalizados que usted puede personalizar en tiradas de al menos cinco ejemplares. Estas personalizaciones pueden ser de todo tipo: añadir notas de clase para uso de un grupo de estudiantes, introducir logos corporativos para uso con fines de marketing empresarial, etc. etc.

2. Buscamos libros descatalogados de otras editoriales y los reeditamos en tiradas cortas a petición de un cliente.